MUDAR DE VIDA

GRUPOALMEDINA

Rua Fernandes Tomás, n.º 76-80
3000-164 Coimbra
Portugal

Rua Luciano Cordeiro, n.º 123 - 1.º Esq.
1069-157 Lisboa
Portugal

Copyright: © Dalila Pinto de Almeida

Edição: Grupo Almedina – Outubro 2011
Todos os direitos para a publicação desta obra reservados para Grupo Almedina.

Revisão: Victor Silva
Design da capa: FBA
Paginação: Edições Almedina, S.A.
Impressão: Papelmunde

Depósito legal: 336071/11

Biblioteca Nacional de Portugal – Catalogação na Publicação

ALMEIDA, Dalila Pinto de

Mudar de Vida

ISBN: 978-972-40-4666-2

CDU 92A/Z(047.53)

Nenhuma parte deste livro pode ser utilizada ou reproduzida, no todo ou em parte, por qualquer processo mecânico, fotográfico, electrónico ou de gravação, ou qualquer outra forma copiada, para uso público ou privado (além do uso legal como breve citação em artigos e críticas) sem autorização prévia, por escrito, do Grupo Almedina.

TODOS OS LUCROS OBTIDOS COM A VENDA DESTE LIVRO REVERTEM A FAVOR DO BANCO ALIMENTAR.

DALILA PINTO DE ALMEIDA

MUDAR DE VIDA

Índice

PREFÁCIO 9

INTRODUÇÃO 15

PRIMEIRA PARTE: MUDAR 23
   Domingos Soares de Oliveira 27
   Isabel Jonet 41
   Pedro Norton de Matos 49
   Teresa Lacerda 61

SEGUNDA PARTE: TRANSFORMAR 71
   Carlos Coelho 73
   Celeste Brito 83
   Francisco Noronha 91
   João Cotrim de Figueiredo 101
   Jorge Conde 113
   Maria Neves 119

MUDAR DE VIDA

TERCEIRA PARTE: REAGIR 129
   Ana Aires Pereira......................... 131
   Ana Teresa Mota......................... 139
   António Cristovam 151
   Artur Ferreira 165
   Eurico Cordeiro......................... 177
   Jorge Nascimento 189
   José Galvão 197

CONCLUSÃO 209

AGRADECIMENTOS........................... 213

Prefácio

Em primeiro lugar, quero agradecer à Dalila Pinto de Almeida o simpático convite que me fez para apresentar este livro tão cheio de interesse, oportunidade e ensinamentos. Creio que terá pensado em mim por saber que também eu tenho, como os seus entrevistados, uma carreira profissional com inúmeras mudanças, algumas tão bruscas como ter abandonado a universidade para ir trabalhar aos 17 anos e ter abandonado a empresa onde trabalhava para voltar à universidade aos 30 anos, sem falar da desafiante mudança que está a ser para mim a recente passagem à reforma ...

Seja como for, o livro de Dalila Pinto de Almeida é tanto mais interessante quanto oportuno e cheio de ensinamentos. Na realidade, trata-se de uma obra de inspiração profissional, escrita no entanto de forma muito clara e direta, sem floreados nem jargão. Em compensação, usa toda uma série de termos ingleses adotados pela lingua-

MUDAR DE VIDA

gem da gestão de empresas e recursos humanos, que serão familiares aos leitores a quem o livro é principalmente destinado, o chamado «mundo corporativo».

O enredo tecido pela autora, através das entrevistas em que os protagonistas – uns mais ativos, outros mais reativos – destas «mudanças de vida», coloca habilmente os indivíduos, as empresas e o resto do mundo numa trama em que os primeiros buscam exprimir a sua vocação, ao mesmo tempo que ganham a vida num contexto global em mudança não só acelerada como fortemente agitada e imprevisível. Na conclusão, Dalila Pinto de Almeida assinala as mudanças drásticas que ocorreram em Portugal no pouco tempo que mediou entre o momento em que concebeu o projeto do livro e o momento em que este vem a lume.

É neste sentido que o livro chega no momento certo, num contexto marcado, como nunca em data recente, por mudanças atribuladas e mesmo dramáticas, ao mesmo tempo que transmite, a partir das variadas experiências dos entrevistados, um conjunto de ensinamentos porventura adivinháveis, mas nem por isso menos importantes e menos úteis. O principal ensinamento gira, creio, em torno da noção de motivação: frente a qualquer mudança, sobretudo se ela for involuntária, é preciso manter a motivação, não só não a perder como renová-la em permanência, procurando em si próprio e nas pessoas que fazem parte das nossas redes aquilo a que frequentemente a autora e os entrevistados chamam **automotivação.**

É seguramente mais fácil de dizer do que de fazer. A mensagem do livro é, no entanto, essa: «Tudo é uma questão de motivação». Subliminarmente, o que isto quer dizer é que, sem vontade e energia, é infinitamente mais difícil gerir as mudanças que nos estão a ser impostas a todos pelas presentes transformações globais. Dalila Pinto

PREFÁCIO

de Almeida não ignora, contudo, que a determinação e a capacidade para agir neste contexto, como, aliás, em qualquer outro, não dependem exclusivamente da nossa vontade; assim fosse, mas não é. Do conjunto de entrevistas – arrumadas, não por acaso, em três secções que envolvem diferentes modos de agir: Mudar, Transformar e Reagir – ressalta, pois, que as pessoas gerem o desejo ou a necessidade de «mudar de vida» de forma muito diferente e com êxito muito diverso também, conforme os seus atributos pessoais e sociais, assim como as redes que possuem, às quais tanto a autora como os entrevistados se referem constantemente.

As mudanças relatadas nas entrevistas andam todas em torno da atividade profissional e a maioria delas tem a ver com alterações corporativas: passagem voluntária ou involuntária da condição de trabalhador por conta de outrem a conta própria e vice-versa, e, em muitos casos, perda do emprego! Isto mostra a atualidade e a relevância deste livro numa conjuntura, como a presente, em que as melhores empresas e os melhores empregos estão ameaçados pela crise. Há contudo um tipo particular de mudança que não podia deixar de chamar a minha atenção: trata-se do número muito significativo de entrevistados cujos processos de mudança passam, de forma mais ou menos direta, pelo regresso à universidade, confirmando aquilo que está a suceder neste momento com tantas outras pessoas.

Chega a ser impressionante, para um universitário de carreira como eu, a atração que tantas pessoas sentem pela universidade e a gratificação que retiram dos estudos, ambicionando vários dos entrevistados, sobretudo mulheres, abandonar as suas carreiras profissionais para se dedicarem ao ensino. Era conhecido o impacto social do desenvolvimento do ensino superior na sociedade portuguesa, mas é extraordinário verificar o impacto humano

MUDAR DE VIDA

do desenvolvimento pessoal de competências científicas e culturais!

Fica, pois, aqui espelhado, em apenas 17 entrevistas (das quais 6 a mulheres), um leque extremamente variado de experiências de mudança: voluntária ou involuntária; para melhor ou para pior; do emprego para o estudo; para por conta de outrem ou para por conta própria, ou ainda para o voluntariado... Como era de esperar, todos os entrevistados tendem a dar uma visão positiva da mudança, o que por vezes nos deixa algo perplexos, mas é da natureza humana sublimar as eventuais quebras da autoestima.

Contudo, a autora, cujo papel é sobretudo o de fazer com que as entrevistas não se desencaminhem, tem plena consciência de que a maioria dos entrevistados são pessoas socialmente privilegiadas, assim como não deixa de captar o *stress* e até o sofrimento provocado por algumas das mudanças, sobretudo nos casos de perda do emprego. Ao mesmo tempo, é notável o número de pessoas que opta, com êxito, por usar o chamado «subsídio de desemprego», como a legislação permite mediante certas condições, a fim de lançarem novos negócios, criando assim o seu próprio emprego.

O livro de Dalila Pinto de Almeida apresenta, assim, algo que acontecerá, seguramente, com muitas outras pessoas durante o atual processo de transformação da sociedade portuguesa sob o impacto da crise financeira e económica global. O livro é, pois, todo ele atravessado por uma espécie de pragmatismo esclarecido, da maior utilidade para quem pretenda «mudar de vida» ou possa vir a encontrar-se na contingência de ter de fazer uma mudança dessas.

Dito isto, jamais o livro se arvora em receituário de «autoajuda» nem cede à tentação de acreditar, como uma

PREFÁCIO

entrevistada dá a entender, que «o despedimento pode ser uma oportunidade» para toda a gente. Se assim fosse não haveria crise, mas também é verdade que, hoje em dia, é indispensável explorar todas as possibilidades de construção ou reconstrução do próprio emprego, transformando *hobbies* ou velhos sonhos em eventuais linhas de negócio, como fizeram algumas das pessoas entrevistadas por Dalila Pinto de Almeida.

Numa palavra, *Mudar de Vida* é um livro inteligente e encorajador. Embora lidando com assuntos complexos e situações humanas delicadas, mantém sempre um discurso sereno e pragmático, às vezes até alegre e divertido, que nos transmite a energia necessária para enfrentar as enormes dificuldades que temos pela frente.

MANUEL VILLAVERDE CABRAL

Introdução

A ideia deste livro é mostrar como pessoas que saíram de uma situação profissional estável se viram obrigadas a dar uma volta nas suas vidas. Ao longo de alguns meses falei com pessoas inicialmente fragilizadas pela rutura que se viram obrigadas a acabar com hábitos instalados, algumas delas numa faixa etária considerada perigosa para grandes mudanças. Observei que muitas nunca se tinham visto a si próprias como empreendedoras e acabaram por fazer nascer o seu próprio negócio.

Tomei contacto com estes homens e estas mulheres por força da minha atividade na área do *coaching* e do recrutamento de executivos, que exerço na Eurogroup Consulting, empresa europeia de consultoria em gestão estratégica. Algumas destas pessoas procuraram-me para conhecer alternativas no mercado, outras para se aconselharem sobre o que fazer a seguir, outras ainda para simplesmente partilharem ideias, dúvidas e colocarem a situação em perspetiva. Aparecem ainda aquelas que não me procuraram, mas de cuja atividade tive conhecimento e que decidi entrevistar.

Claro que, sendo esta abordagem feita a pessoas de um universo socioprofissional muito diferenciado, ela reflete experiências e permitirá retirar conclusões que não serão aplicáveis a estratos profissionais que, por serem indiferenciados, lutam com graves e dramáticas dificuldades no combate ao desemprego.

Na realidade, não tinha pensado em transpor para um livro estas experiências riquíssimas, até me chegar às mãos uma edição da Eurogroup Consulting, para consumo interno e dos seus clientes, acerca da crise. Em «Welcome to the world crisis!», o autor, Hervé Juvin, partilha pensamentos sobre a crise mundial que me levaram a refletir sobre aquilo que o mercado de trabalho nos exige e sobre a maneira como, hoje, pensamos o *emprego*. A ideia central e sumária do livro de Hervé Juvin é a de que não estamos a viver uma crise, estamos a viver num mundo diferente que exige abordagens diferentes às diversas circunstâncias com que nos deparamos. Hoje a mudança é a norma.

Se pensarmos que uma crise é, por definição, uma fase transitória, uma passagem para um estágio diferente, não podemos continuar a pensar que estamos em crise. Não dura ela há tanto tempo que deixa de poder ser considerada uma passagem? Problemas conceptuais à parte, o que não podemos é continuar a pensar que tudo vai voltar a ser como dantes, quando a crise acabar. Não vai! Está estafada a frase «crise é igual a oportunidade». É, de facto. Mas é uma oportunidade para fazer diferente, não para repetir os modelos do passado, que nos levaram a ela. Se na nossa mente se mantém o registo «quando a crise acabar», ou «quando voltarem

INTRODUÇÃO

tempos melhores», ficamos imobilizados e nada de novo acontece.»

Algumas pessoas tendem a acomodar-se em situações de crise e a adotar o registo da «travessia do deserto». É capaz de haver um deserto para atravessar, mas, e se esta alternativa equivaler a «viver no deserto»? Menos clientes, menos faturação ou menos rendimento, menos consumo. Ou, mesmo, ficar sem emprego.

A reação mais humana à perda de emprego, sobretudo quando se tem responsabilidades familiares e prazos de pagamento de despesas, é a angústia e o pânico. Mesmo quando se saiu de maneira «confortável» da posição que antes se ocupava. Socialmente, estar desempregado não é um bom cartão de visita. Construímos a nossa identidade com base no que fazemos e no que somos profissional-mente – e por isso uma situação de desemprego pode ser mais ou menos disruptiva. A diminuição do estatuto social – sobretudo quando se trata de desemprego de longa duração – é das que mais impacto tem no quoti-diano. De repente, vemo-nos obrigados a deixar de dizer que somos, por exemplo, «diretor ou diretora de...» e passamos a ter de preencher um documento oficial com... «desempregado(a)». É curioso observar a este respeito que a integração em redes sociais independentes do traba-lho, cuja utilização tem tido um incremento exponencial, como o *LinkedIn*, o *Twitter* ou o *Facebook*, para men-cionar as mais populares, parece amortecer o impacto negativo de uma situação de desemprego. É como se o facto de estar conectado em tempo real, ajudasse a manter um espírito de atividade.

Mesmo assim, e porque para além da atividade é preciso garantir resultados, dá-se início ao disparo de *curricula* e às respostas – quantas vezes sem critério – a anúncios de imprensa, cujo fraco resultado torna a situação ainda mais desanimadora. Por outro lado, existem reações aparentemente mais «saudáveis» como pensar que é chegado o momento de fazer aquilo que nunca se teve tempo para fazer: arrumar papéis; tratar de assuntos pendentes; ir ao médico; estar mais tempo com os filhos; ir levá-los e buscá-los à escola; ir ao ginásio ou então fazer uma atividade que corresponde ao gosto pessoal e para a qual nunca havia tempo. Depressa se descobre que, ou os dias passam sem adrenalina, isto é, este tipo de atividades não nos preenche, ou não se fez nada do planeado, neste último caso, simplesmente porque não houve vontade ou motivação, essa palavra mágica nas organizações modernas, que não significa mais do que: um motivo para a ação.

Existem ainda pessoas que preferem e podem dar-se ao luxo de fazer o «luto» de uma situação antes de partir para outra. É assim que algumas decidem viajar com tempo e não pensam sequer em procurar alternativas, como que para limpar a cabeça. E as que jogam na bolsa, o que, sendo um território mais incerto, exige disciplina e conhecimento, mas pode ter um retorno que permite investir a seguir no projeto de uma vida ou ser no mínimo uma atividade divertida.

Torna-se possível detetar cinco fases distintas no pós--despedimento: tudo começa com uma reação de raiva ou revolta, «porquê eu?», «não é justo!»; na segunda fase surge um sentimento de euforia, «estou livre!», «vou poder fazer o que me apetecer!»; a terceira fase é já de reflexão: equaciona-se racionalmente a situação e avaliam-se as possíveis saídas. Finalmente, na quarta fase estabelece-se um plano de ação que se põe em prática na quinta fase. É um processo de perda, e o que é necessário e saudável é que a pessoa não se fixe em nenhuma das fases. Quanto mais depressa se libertar de sentimentos

INTRODUÇÃO

negativos, como a raiva e a revolta, mais rapidamente vai canalizar a energia para a sua própria reconstrução enquanto profissional. Por outro lado, e sendo salutares sentimentos de alívio e de liberdade, é imprescindível a orientação para o futuro através de um plano de ação.

As pessoas que aqui partilham a sua experiência, sendo muito diferentes entre si, possuem uma característica comum: a capacidade de se automotivarem e de se reinventarem. Ou ainda, como aponta Jorge Nascimento, «tem de ter-se capacidade de sofrimento», querendo com isto dizer capacidade para resistir à frustração. Mesmo quando se pressente que podem ter dado um passo atrás na carreira e até mesmo no salário, o que é cada vez mais frequente.

A média etária do painel de entrevistados situa-se nos 45 anos, uma geração que, ao ver-se confrontada com situações de mudança radical, aposta em algumas das técnicas utilizadas pelos mais jovens: *network* e domínio de duas ou três línguas estrangeiras. Como refere Rui Martins Barata, ex-administrador da Pararede e atualmente a trabalhar num negócio próprio, «ser cidadão do mundo dá empregabilidade». É o que ele próprio transmite aos filhos. Para os que já foram empregados por conta de outrem e querem criar o seu negócio, a recomendação é outra: «Tenham um *business plan* e foco». Já para Rodrigo Pereira Coutinho, poliglota que deixou uma empresa de Madrid em 2008 para trabalhar em Portugal a partir de casa, o importante é «fazer bem o que se gosta de fazer e acrescentar valor». Já esteve «empregado», mas não se sentiu bem e saiu. Prevê um futuro próximo em que «cada vez mais vamos estar menos dependentes de um emprego certo e vamos viver por projetos».

É importante refletir sobre a importância de competências como as de planeamento e organização; sobre a capacidade de definir prioridades; sobre a capacidade de agir; sobre a automotivação. Se nunca exibimos estas competências profissionalmente, não será numa situação de perda que vamos organizar e planear os nossos dias, ao mesmo tempo que procuramos um novo projeto, o que por si só é praticamente um *full time job*.

Há quem exercite estas competências na hora de optar entre várias ofertas, analisando com método e avaliação de risco cada uma delas, como se de um plano de negócio se tratasse. João Cotrim de Figueiredo revela: «É preciso saber para quem se está a trabalhar».

Interessante também é o caso daqueles que, não prefigurando uma situação de desemprego, sempre se prepararam para essa eventualidade. Como? Desenvolvendo competências, alimentando e cultivando a sua *network*, estruturando alternativas, o que, resumido e condensado, nos leva ao planeamento e gestão de um percurso profissional.

Mas fundamental hoje é mesmo, como afirma Domingos Soares de Oliveira, «que o *mind set* seja o de estar preparado para, por mais garantido que sintamos o nosso lugar, sabermos que não está!» E mesmo nestes casos, a notícia de um despedimento surge sempre como um murro no estômago. A analogia com a morte de alguém próximo surge: podemos saber que a pessoa vai morrer e estarmos preparados, mas no momento em que isso acontece, é muito doloroso.

São de louvar as organizações que, ao dispensarem colaboradores, lhes facilitam o acesso a programas de *executive coaching* ou de *outplacement*, que, aliás, podem integrar o pacote de negociação de condições de saída. Para além de exorcizarem alguma culpa com este tipo de ajuda, a realidade mostra que este género de programas permite colocar a situação em perspetiva. É criado

INTRODUÇÃO

um contexto onde se encontram outras pessoas a viver a mesma situação e o facto de não se ser a única pessoa em pânico neste mundo torna tudo mais relativo. Por outro lado, ajudam a traçar um caminho de atuação, ao levarem cada pessoa ao desenvolvimento ou à descoberta de competências até então desconhecidas e a criar um plano de ação com metas bem definidas.

As empresas multinacionais são aqui retratadas como lugares onde se foi feliz, mas muitas vezes à custa de um empenho desmedido, de um «tudo por tudo», colocando a vida pessoal fora de controlo. É como se não se quisesse ser dispensado, mas, quando se sai, não se quer voltar. O desgaste é evidente. Em muitos casos, conseguimos ver semelhanças entre uma carreira intensa numa multinacional e as carreiras de desportistas, modelos ou bailarinos. Começa-se cedo e o desgaste é rápido. Como se houvesse um tempo certo para um alto desempenho. É preciso dar lugar aos mais novos e é assim que todos os anos se aposta na renovação do «sangue novo», através do recrutamento dos melhores nas melhores universidades. Mas hoje, cada vez mais, os próprios jovens privilegiam o equilíbrio entre a vida profissional e a vida privada. No processo de reinvenção descobrem-se negócios de nicho: o que ainda não tinha sido pensado, dirigido a necessidades muito específicas, de que é exemplo o caso de Artur Ferreira. Quem pensaria em vender, com sucesso, histórias corporativas contadas em *power point*?

Espero que o exemplo destas pessoas – umas comuns e outras mais mediáticas – que aprenderam a viver no deserto em vez de o atravessarem, assumindo projetos alternativos ao trabalho assalariado ou enfrentando os riscos de um novo empregador num setor de atividade diferente, possa contribuir para iluminar o caminho daqueles que se encontrem em situações idênticas. A todas elas, desde já, o meu agradecimento por aceitarem partilhar a sua experiência.

Agradeço também a Pierre Debourdeau, *Managing Partner* da Eurogroup Consulting Portugal, pelo incentivo imediato que me deu quando partilhei com ele esta ideia.

DALILA PINTO DE ALMEIDA
agosto de 2011

PRIMEIRA PARTE

Mudar

> Levar de um lugar para outro; deslocar;
> dispor de outro modo; modificar; alterar; trans-
> formar; dar outra direção a; desviar; substituir
> (uma coisa por outra); renovar; variar de habita-
> ção, de penas, de pelo, de pele, etc.; tomar outro
> aspeto; seguir nova direção; variar de comporta-
> mento, de génio.
>
> *Grande Dicionário da Língua Portuguesa*
> *Porto Editora*

Existe um tempo certo para a mudança. Desde os primeiros sinais de que ela vai ser necessária, dados por uma
situação de desconforto, passando pela tomada de consciência de que vamos ter de mudar, quando o desconforto
se torna insuportável, até que mudamos, quando as vantagens assumem um peso maior do que as desvantagens

MUDAR DE VIDA

de não mudarmos, o tempo que decorre varia de pessoa para pessoa. Mas é certo que só mudamos quando é essa a única alternativa. E isso pode ser ditado por nós próprios, quando colocados perante circunstâncias externas que afetam a nossa «zona de conforto», ou pelos outros que nos obrigam a mudar. As grandes mudanças são mais ou menos dolorosas, consoante tenhamos ou não a oportunidade de sermos nós a escolher a forma como mudamos. Quando podemos escolher, o motivo para a ação (motivação) vem de nós, podemos ter a visão do que vai acontecer etapa a etapa e o entusiasmo que colocamos no processo supera o desconforto.

O despedimento, que abordei no início, é aparentemente uma imposição que nos é feita. E digo aparentemente porque acredito que, salvo situações limite de que todos teremos conhecimento, um despedimento faz-se anunciar por sinais mais ou menos claros que só alguém em estado de negação ou muito desatento, não vislumbrará. Muitos antecipam esse momento e preparam-se. Outros tomam a decisão de sair antes de serem despedidos. Mas muito poucos são apanhados de surpresa. Apenas há os que necessitam de «levar o pontapé» para reagir.

As pessoas que entrevistei e que incluo nesta primeira parte não foram despedidas. Mudaram as suas vidas motivados pelo desconforto de situações muito diferentes. Domingos Soares de Oliveira soube prevenir e antecipar o desfecho da sua posição de presidente da Cap Gemini. Sempre esteve preparado para sair e é hoje o CEO do Grupo Benfica, que nem era o seu clube. Já Isabel Jonet sentiu o desconforto, após o regresso de Bruxelas, por ter os seus talentos desaproveitados. Em 2011 viria a ser eleita pelo *Jornal de Negócios* como a 46.ª figura com mais poder em Portugal pela sua obra no Banco Alimentar. Pedro Norton de Matos, seguiu literalmente o seu coração e mudou tudo na sua vida. O objeto do seu trabalho e a forma de o desenvolver. As trigémeas que Teresa Lacerda deu à luz foram o potente motor para a sua mudança. Depois de ter sido quadro superior na banca, hoje trabalha para que as mulheres assumam um maior protagonismo na gestão de topo das empresas.

*«Tem de se estar permanentemente
preparado para sair.»*

DOMINGOS SOARES DE OLIVEIRA

CEO do Grupo Benfica

De analista programador a presidente de uma multinacional decorreram menos de 20 anos. Em 1992, aos 31 anos, Domingos Soares de Oliveira criou a Geslógica e em 1997 vendeu parte da empresa, então com 100 pessoas, à multinacional Cap Gemini. Como tantos outros executivos em tantas outras estruturas multinacionais, ainda que à frente do negócio, deixou de ter liberdade para desenvolver o que achava mais adequado para os clientes e para o mercado. Apesar disso considera que foi uma experiência rica. No início da década de 2000, quando a Gemini Consulting se fundiu com a Ernst & Young Consulting, Portugal foi considerado um caso de sucesso. O mesmo não aconteceu aqui mesmo ao lado, em Espanha, para onde Domingos Soares de Oliveira foi chamado para dirigir a operação em 2001. Nessa altura, viu-se obrigado a deixar de lado as competências que possuía e a entrar num processo de desgaste: reduzir o *head count* (vulgo: despedir pessoas). «Depois do trabalho feito, começam a aparecer pessoas dos *headquarters* com a famosa frase: *we are here to help you*, que na prática significa que há um conjunto de pessoas que precisa de espaço», recorda, e esse espaço em Espanha estava ocupado.

MUDAR DE VIDA

Os desenvolvimentos que se seguiram conduziram à sua saída. Em janeiro de 2004, «era um homem completamente livre do ponto de vista da reflexão». Mas nunca sentiu alívio. Foi uma saída decidida por si próprio, mas não desejada. Seguiram-se de facto alguns meses de reflexão e as perguntas que fazia a si próprio eram «Quero voltar ao empreendedorismo ou admito trabalhar como gestor?» e «Quero o mesmo setor ou uma coisa completamente diferente?» Domingos Soares de Oliveira é movido por projetos que se constituam como desafios, um *cliché*, mas que se concretizou quando este ex-sportinguista recebeu o convite de Luís Filipe Vieira para administrar as empresas do Grupo Benfica, que se encontrava numa situação muito fragilizada. Não era o seu clube. As pessoas com quem falou na altura aconselharam-no: «Não te metas nisso». Mesmo assim avançou. De assalariado a empresário, passando pela presidência de uma multinacional até Administrador de um clube de futebol, eis o percurso de mudança de Domingos Soares de Oliveira, 50 anos, que me recebeu no estádio do Benfica.

A decisão de saída da Cap Gemini foi acontecendo ou houve um momento chave em que disse: «É agora!»

Não foi um dia, foi uma sucessão de reuniões e de acontecimentos que levaram a que se fechasse o ciclo, e quando o ciclo se fecha o que há a fazer é empacotar e sair. Durante muito tempo fui tendo dois, três convites por ano. Nessa altura, não tinha nenhum convite em cima da mesa, mas a situação financeira era estável e isso ajudava. Foi graças à situação financeira que saí sem esperar qualquer indemnização. A partir do momento em que efetivamente saí, deixei de pensar no processo. A seguir houve um tempo um pouco mais complicado porque correram várias versões, falsas, sobre a minha saída e isso é algo penalizante do ponto de vista da imagem – felizmente foi uma situação que durou pouco tempo. Há um momento, na nossa vida numa empresa, em que se compreende que já estamos mais fora do que dentro, e é nessa altura que temos de deixar a zona de conforto e apontar para o futuro.

Independentemente das notícias, no momento da saída, como é que se sentiu? Foi também uma saída de um país para o outro.

Na altura ainda não tinha tomado a decisão de sair do país, porque tinha a família em Madrid e, pelo menos até ao verão, os miúdos tinham de continuar no colégio. Mantinha a opção de procurar alguma coisa em Espanha ou de vir para Portugal. Os trunfos que tinha em Portugal eram maiores do que em Espanha. Em Portugal desenvolvi ao longo dos anos um conjunto de relações que são importantes em qualquer atividade, e em Espanha, na prática, tinha estado escassos três anos, e tinha-me concentrado muito em temas internos da empresa. Como é que me senti? Lembro-me de o Primeiro-ministro Palma Carlos, quando saiu do Governo, dizer que se sentia como um passarinho que acabou de sair da gaiola. Sinceramente, não foi esse o meu caso. Há uma altura em que há, não diria que uma aflição, mas um certo vazio. De certa forma é como, se ao acordar, no princípio de cada dia, me fizesse falta o dossier de um tema concreto para resolver. Tem de se saber desenvolver uma rotina, mas não é fácil, não é uma situação em que me sentisse particularmente entusiasmado.

Sentiu alívio?

Não, senti que não era a saída desejada. Apesar de ter sido eu a apresentar a demissão, foi uma saída forçada por não conseguir fazer valer o meu ponto de vista. E sentia muito aquele projeto como meu. Ir para Espanha foi uma consequência da avaliação que fizeram do meu

MUDAR DE VIDA

trabalho em Portugal. E na realidade, aqui, fui eu que criei a empresa e que recrutei 500 pessoas. Sentia aquilo como meu, fosse qual fosse a estrutura acionista. Depois, de repente, cria-se uma situação de vazio, fica a faltar qualquer coisa. Claro que houve uns jantares de despedida fantásticos e calorosos, quer em Portugal, quer em Espanha, mas depois, as pessoas continuam a trabalhar todos os dias e nós estamos numa situação em que isso não acontece. Nesse momento tem de se começar a pensar o que é que se vai fazer, saber ocupar o tempo livre, o que significa não andar a arrastar-se nas ruas, não ficar em casa, continuar a levantar à mesma hora.

O que é que fez exatamente?
Houve duas ou três semanas em que me dediquei mais ao golfe [riso], fiz um investimento numa coisa que queria fazer. Mas logo em dezembro, um mês depois da saída, optei por não montar um escritório e principiei imediatamente a trabalhar muito em casa, quer em Espanha, quer em Portugal. Comecei nessa altura a estudar oportunidades, do ponto de vista de voltar a criar alguns negócios, sozinho ou em parceria, fora do setor da consultoria. Fui recolhendo um conjunto de informações em jornais económicos e participei em várias feiras de negócio no sentido de perceber que oportunidades havia. Evidentemente que a força que tive aos 30 anos para criar o meu próprio negócio, com três filhos pequeninos, era diferente: nessa época, de forma quase inconsciente, mesmo com a família toda pendurada em mim, atirei-me para um negócio. Correu muito bem. Precisava, agora, de perceber qual a melhor solução.

Este processo de estruturar ideias relativamente a um eventual negócio ou parceria – com o golfe de permeio – demorou quanto tempo?

Rapidamente abandonei o golfe. Às tantas impunha a mim próprio que não podia passar lá o dia. Estava no campo de golfe, mas, ao mesmo tempo, estava a pensar no que é que ia fazer. Não era salutar.

Foi um processo que demorou dois ou três meses. E nessa altura apareceram novas propostas para trabalhar no mundo da consultoria, para vir liderar empresas em Portugal. Aí há duas decisões que têm de ser tomadas quase em simultâneo. A primeira é decidir se quero voltar ao empreendedorismo, se quero voltar a ser empresário, criar uma empresa pequena e fazê-la crescer, ou se admito trabalhar como gestor...

E a segunda decisão, se decidir ser gestor, é saber se quero fazê-lo no setor onde estava, ou se quero abraçar uma coisa completamente diferente. E, honestamente, a primeira coisa que pesou nesta decisão de sair da área da consultoria foi que, neste setor, do ponto de vista da carreira, já tinha feito tudo o que se podia fazer. Voltar atrás, começar de novo, era mais do mesmo, e voltar a uma multinacional, com os defeitos que conhecia nas multinacionais, e com as virtudes – as multinacionais não têm só defeitos –, era mais do mesmo. Aquilo que me movia nessa altura era encontrar, não a razão de viver, essa sempre tive, mas um projeto que representasse para mim um desafio, independentemente do que fosse. Essa foi a primeira decisão, procurar qualquer coisa diferente, que fosse um desafio. Na realidade admitia perfeitamente vir a fazer um projeto meu, mas quando este projeto do Benfica apareceu foi algo de superestimulante. No fundo, o Benfica vinha duma situação muito crítica, tinha passado as passas do Algarve, com uma marca com inúmeros problemas, o presidente tinha acabado de ser eleito, tinha falta de dinheiro, com derrotas, e nessa altura pareceu-me um velho projeto, como se fosse uma coisa minha, estava tudo por fazer, vi um desafio que garantidamente poucas pessoas aceitariam... Aliás, nessa altura, quando se começou a saber pela imprensa que seria eu quem viria a dirigir este processo de mudança, todas as – poucas – pessoas com quem falei na altura me disseram: «Não te metas nisso».

Isso foi um estímulo?

Foi um estímulo ponderado. Quando oiço as pessoas, oiço-as mesmo, não as oiço para tomar a decisão contrária. Mas aquilo que me cativou na altura foi o projeto e a pessoa que me convidou, que foi o presidente Luís Filipe Vieira. Entendia que os motivos que levavam as pessoas a dizer para não pegar no projeto estavam ligados a situações às quais conseguia dar a volta. Aí funcionou muito como estímulo pessoal, senti que ia conseguir. Não era um setor que conhecesse, é sabido que não era o meu clube [riso].

Agora é?

Completamente. Não só não era o meu clube como não conhecia as atividades desenvolvidas internamente. Até então, tinha ido três vezes a um estádio ao longo da minha vida. Há pessoas que dizem que trabalhavam de graça para o Benfica. Nessa altura não sentia nada disso. Mas o desafio empresarial que era colocado em cima da mesa era um desafio que a mim me dizia muito, e decidi aceitar o projeto. Recebo o primeiro convite em janeiro, de fevereiro até abril tive um conjunto de reuniões alargadas com o presidente para recolher informação à qual tive acesso ilimitado...

Como se fosse comprar a empresa.

Mais ou menos. Falei várias vezes com ele, compreendi que era uma situação importante e depois, ao fim de três meses, acabámos por «juntar os trapinhos». Entrei em 2004, já lá vão seis anos.

E tem corrido bem, tanto quanto se pode avaliar de fora.

Tem. Este é o projeto mais estimulante e mais interessante que alguma vez tive. A vantagem deste projeto é que aqui não há limites.

O que é que quer dizer com isso?

Não há ninguém a dizer o que não posso fazer. Se queremos fazer um projeto de expansão para a China, se queremos duplicar o número de sócios, construir um centro de formação que custa 20 milhões de euros e não há dinheiro, ninguém vai dizer...

Mas isso também se deve a si. Quando se contrata uma pessoa que não é do setor, que não é benfiquista...

Não era [riso].

... para tratar da casa, é porque se acredita muito nessa pessoa e portanto dá-se-lhe carta branca.

O Luís Filipe Vieira também disse depois, à medida que nos fomos conhecendo, que o processo de seleção que tinha começado fora desencadeado pelos bancos, que eram fundamentalmente o BCP e o BES. Os bancos defendiam que o Benfica precisava de um gestor profissional que fizesse a gestão da casa, não na vertente desportiva, mas na vertente de gestão. Ele fez uma seleção de três candidatos, fez a primeira reunião comigo e depois supostamente iam acontecer mais duas reuniões com outros dois candidatos. E após a reunião comigo – só vim a saber isso depois –, já não houve espaço para mais entrevistas [riso]. Ele disse «Este é o homem que eu quero» e, claro, eu também me mostrei interessado no projeto. Não nos conhecíamos na altura, fomo-nos aproximando, embora tenhamos perfis muito diferentes. Ele é uma pessoa extremamente intuitiva e visionária. É engraçado, ao longo da minha vida sempre trabalhei muito bem com pessoas que têm mais *feeling* do que componente racional. Na verdade, encontrámos um bom complemento. Houve naturalmente confiança, mas este aspeto de não criar limites desnecessários é muito importante. Como disse ao princípio, tive uma dúvida sobre se iria para gestor ou empresário. Na realidade, aqui sinto-me como empresário. Como não há entradas de dinheiro dos acionistas, o que temos é a quotização dos sócios, mas isso representa 12 ou 13% do total de receitas que precisamos anualmente para fazer com que as coisas aconteçam. Portanto têm de ser encontrar os meios, tem de se ir à procura como um empresário.

Tem de se ir à procura de receitas.

Sim, e de financiamento. Tem de se ter capacidade de aumentar a dívida e saber como é que se regulariza essa dívida, de estar preparado para os bons e os maus momentos, e tem de se saber sempre que não há ninguém que nos possa amparar: quando cair cai. Aqui não há *headquarters*, nem acionistas, não há uma mega-empresa por trás preparada para tudo; esse processo não existe. Isto é um projeto que obriga a empreendedorismo. Luis Filipe Vieira é um empreendedor. Naturalmente, acho que eu também sou. E aquilo que procuro estimular nas pessoas que trabalham comigo é essa capacidade de levarem «a carta a Garcia». E há outra coisa: não se entra aqui com a sensação de que se vai cá estar para o resto da vida.

É um projeto que depende dos sócios, que de três em três anos elegem um novo presidente. No dia em que os sócios quiserem mudar de presidente, eu também mudo, porque o meu é um cargo de confiança política. Mais uma vez, aqui não há para-quedas: se sair daqui não volto para a função pública ou para um banco.

E tem isso preparado na sua cabeça?

Tenho sempre presente que este é um lugar muito efémero, que em qualquer altura os sócios, que são soberanos, podem substituir o presidente, e eu estarei fora. Se me perguntar se tenho preparado um caminho alternativo, não tenho. Quando abraço os projetos, abraço-os de corpo e alma, não sou capaz de estar a trabalhar em dois sítios, não consigo fazer isso.

Referia-me ao *mind set*, que hoje é aconselhável ter em qualquer emprego: «Hoje sim, amanhã não sabemos».

Isso tenho, perfeitamente, e neste caso é evidente. Tivemos uma situação há um ano, em que houve eleições, e não se sabia quem seriam os candidatos, podia haver candidatos que tivessem recolhido a preferência dos sócios, em relação a mim. Tem de se estar sempre preparado para as coisas correrem mal. Pode haver uma mudança de presidente; se houver, no dia seguinte estou no desemprego. Isso é uma situação que assumi, assumo e terei de continuar a assumir. E a forma como se vislumbra isso é diferente aos 30 ou aos 40 anos. Mudei de emprego quatro ou cinco vezes ao longo da minha vida e fui sempre eu que decidi mudar, e mudei perfeitamente à vontade porque sabia que tinha qualquer coisa fora, e nunca tive problema porque sabia que, se não estivesse ali, amanhã estaria noutro sítio qualquer. Ao longo da vida tive convites para mudar de trabalho e isso dá segurança. Aos

MUDAR DE VIDA

50 anos, quer se queira quer não, isso não acontece todos os dias; vai havendo quem se lembre de nós, mas já não é a mesma situação. É natural que não se encare a perspetiva de ficar no desemprego com o mesmo conforto com que encararia aos 30 ou 35 anos. Isso faz parte do processo.

De qualquer maneira, voltando atrás, o seu percurso é de empresário que passou a assalariado, e que depois passou para este projeto, porque a Geslógica era sua.

Era 30% minha. Em França trabalhava num banco, depois vim para cá trabalhar na Locapor, também assalariado, depois fui para a Unisys/ Unisoft, também como assalariado, e a partir daí, aos 30 anos, decidi dar o salto. E depois andei neste processo: primeiro o projeto era meu; segundo, vendi o projeto e integrei-o numa estrutura multinacional; e agora, terceiro, o projeto não é meu, mas...

«Eu é que o desenhei», quase?

Nunca podia dizer isso, seria profundamente injusto. Para o mal e para o bem, as coisas que aqui se fazem têm sempre o cunho do presidente, isso é evidente; segundo, sou CEO deste grupo, mas um CEO um bocadinho esquisito porque não tem o *core business* – não há muitos CEO que não tenham o *core business* –; terceiro, tudo aquilo que fazemos, no marketing, na área financeira, nos recursos humanos, na informática, nas áreas todas que tenho sob a minha responsabilidade, tem um único objetivo: dotar o *core business* dos meios para eles terem êxito. Não trabalhamos porque a empresa tem que dar dividendos, apesar de sermos uma S.A., temos é que criar condições para que aquilo que é o *core business* tenha êxito. Sinto as coisas como minhas, mas nunca deixo de partilhar esse mérito daquilo que se vai fazendo, em pri-

MUDAR

meiro lugar com o presidente, e depois com a equipa toda que tenho comigo.

E neste processo, nomeadamente durante esta decisão entre ser empresário ou gestor, que ajudas é que teve? Especialmente nesta entrada para o Benfica, quando todos lhe disseram «Não te metas nisso», onde é que foi buscar âncora?

Aí decidi sozinho, e é uma decisão que tem essencialmente a ver com acreditarmos nas nossas capacidades; mas também falei na altura com *head hunters* e com gestores amigos. Não estive em nenhum processo de *outplacement*, mas houve várias pessoas que ficaram com o meu currículo. Na altura a situação parecia complicada, mas não houve nada de extraordinário. Não foi um processo muito demorado, foi a única vez em que estive quatro meses sem trabalhar. Passados seis anos, se me perguntar como é que vivi esses quatro meses, não era uma situação confortável, mas também não considerei o tempo mal empregue.

O que é que era desconfortável? Tendo uma situação financeira confortável, sabendo que tinha hipóteses, sabendo o que valia no mercado, qual era o desconforto, esse tal vazio?

Na primeira parte do processo é achar que não se controla o futuro. Pensa-se nas portas a que se vai bater e em quem é que nos vem bater à porta. As portas a que vou bater, é comigo, quem é que me bate à porta ou pega nas minhas ideias é outra coisa... Mas hoje essa situação é o pão nosso de cada dia: não há nenhuma garantia. Já nem na administração pública há a garantia de emprego. Lidar com a incerteza, quando se está na incerteza... no fundo tem de se estar preparado, isso é fundamental hoje em dia. Não significa que quando se está lá dentro seja uma situação agradável, mas é assim, vai fazer uma travessia e vai lidar com a tempestade, quando lá estiver dentro não é agradável. Mas faz parte do processo.

Mas, se a pessoa está preparada, pode ser minimizado o desconforto, ou não?
Depende de cada um, há os que nunca mudaram e portanto terão mais dificuldade em ver-se numa situação de incerteza. E há outras pessoas, que se habituaram a mudar. Depende muito da cabecinha de cada um. Cada pessoa é diferente, e eu senti esse desconforto, mas, por outro lado, se se tentar liderar o processo, ter permanentemente projetos, começa-se a perceber que se pode não encontrar as portas todas escancaradas, mas uma ou duas vão abrir-se. Quando aceitei este projeto, estava envolvido em mais dois, por minha conta, mas o destino encarrega-se de nos acompanhar, e se provocarmos o destino, ele acaba por responder. Nunca lhes chamaria momentos trágicos, mas são momentos para os quais temos de estar preparados e ter estofo.

O que é que recomendaria a pessoas que passem por situações idênticas? Em primeiro lugar, um desconforto na situação profissional em que se encontram: estão empregados, mas estão desconfortáveis. E, em segundo lugar, a pessoas que já estão numa situação de «Estou disponível. E agora?»
Tenho conhecido vários casos desses. Quando se sente um desconforto com a organização onde se está, ou numa situação em que se percebe que eventualmente se pode sair porque há uma reestruturação, é garantido que nos vão bater à porta. E isso é uma situação que a pessoa deve antecipar, deve antecipar a sua saída, é melhor para

todos. Das duas, uma: ou decidimos negociar a saída e acordar uma indemnização, ou, já se tem qualquer coisa que permite ir embora sem problemas. Em qualquer caso uma pessoa tem que antecipar isso. Tem de se estar permanentemente a ver à frente, não se pode estar sentado no sofá à espera que um dia alguém bata à porta. Tem que se estar permanentemente preparado para sair. Hoje, aos 50 anos, se não o fizer, será essencialmente por uma situação emocional... do ponto de vista da cabeça tenho de estar preparado. Mas tem que se ter essa disponibilidade, e isso ajuda a encarar o futuro, o *mind set* fica mais aberto. As pessoas que tenho conhecido com maiores dificuldades nesta matéria são aquelas que não conseguem ver *out of the box*, nem ver pelo menos mais à frente.

Antecipou situações e manteve essa abertura para a mudança. Hoje, nota-se muito, pessoas que tinham situações de determinada dimensão, mudam e não vão ter o mesmo salário.

Temos de estar preparados para descer 50%. O mundo está em mudança, isto é um chavão, mas a mudança é rapidíssima. Tem de se estar permanentemente preparado. Sempre que tenho de equacionar uma possível saída do Benfica, a situação torna-se mais fácil porque acredito nas minhas capacidades, não de uma forma desmesurada, mas de uma forma consciente, e posso dizer «tenho confiança em mim, se não for este projeto, tenho confiança que conseguirei agarrar outro».

Sobretudo quando à partida lhe eram atribuídos todos os insucessos.

Isso também tem a ver com o que se vai fazendo ao longo da vida. Sou um homem de projetos. Estar parado ou simplesmente na zona de conforto não é comigo.

Gosto muito de fazer projetos e posso até falhar em alguns desenvolvimentos. Falhar faz parte do processo de aprendizagem e considero que é uma componente indispensável no nosso crescimento profissional. Conheço histórias de pessoas que falharam e continuam em frente, e de cada vez que arrancam, reforçam mais o seu espírito e a sua capacidade de alcançar os seus objetivos.

«Na maior parte do tempo
a vida é cinzenta,
o que temos de fazer
é dar-lhe umas pinceladelas.»

ISABEL JONET

Presidente do Banco Alimentar

«Pessoas desassossegadas não têm vidas sossegadas e espiritualmente sou desassossegada». É desta forma que Isabel Jonet, a cara do Banco Alimentar, justifica ter deixado para trás uma carreira promissora no setor Segurador depois de se ter licenciado em Economia. Escolheu acompanhar o marido numa mudança para Bruxelas, onde ainda trabalhou durante seis meses na Assurance Générale de France, mas não gostou da forma como as mulheres eram desconsideradas naquela organização e saiu. A seguir teve dois filhos, aos 24 e aos 25 anos. A propósito, afirma convicta: «O apelo da maternidade deve ser seguido de preferência quando somos jovens, porque isso dá a oportunidade de ter uma carreira na altura certa». Começou a participar em concursos para ser tradutora, fez um curso de italiano, aprendeu a tocar viola e criou uma empresa de catering para embaixadas. Acabou no Comité Económico e Social onde esteve durante sete anos. Pelo meio, teve o terceiro filho, o único nascido em Bruxelas. Recorda os primeiros anos da adesão de Portugal à Comunidade Europeia, a primeira presidência portuguesa, a Europália, o grupo de amigos. Com três filhos, a opção foi o regresso enquanto ainda era fácil para eles. Isabel regressa um ano depois do marido. Ela, que o tinha seguido, quis terminar o que tinha entre mãos. Em Portugal de novo, opta por acompanhar os filhos no período de adaptação e «pôr a casa a rolar». E é nesta altura, em 1993, que decide procurar, como refere, «uma coisa onde pusesse os meus talentos a render». Oferece-se para trabalhar duas tardes por semana no Banco Alimentar e no final do primeiro mês é convidada para fazer parte da direção. É claro que isso representou mais horas de trabalho. Entrou na engrenagem, mas continuou a ir sempre buscar os filhos à escola, mesmo que isso implicasse regressar depois ao trabalho. Teve mais dois filhos que «foram criados no Banco Alimentar». Foi aí que os amamentou e orgulha-se, sem perder a noção de que é uma privilegiada, de nunca ter tido uma licença de parto. «Os meus filhos foram voluntários à força», refere, «ou vinham ou não comiam». É com este sentido de humor, aliado a uma generosidade firme, que Isabel Jonet, 50 anos, me recebe. No meio de empilhadores e paletes de produtos alimentares, que serão distribuídos para milhares de instituições e alimentarão 2,5% da população portuguesa.

O que é que fez com que escolhesse esta instituição e não outra? Ainda é voluntária?
Ainda sou.

Não tem remuneração?
Não. Foi uma opção de vida num determinado momento, e essa opção é da minha família inteira. Não tenho salário há 17 anos, nem vou ter reforma, nem tenho descontos, e estou consciente disso.

E porquê o Banco Alimentar?
Porque tem um projeto maravilhoso, que é de empresa no mundo da solidariedade social. Depois, porque, quando vim para o Banco Alimentar, este era muito pequenino, só havia um em Lisboa, que apoiava 26 insti-

MUDAR

tuições. Neste momento, há 17 em Portugal, que apoiam 1800 instituições. O conjunto dos nossos bancos dá de comer a 275 mil pessoas, 2,5% da população portuguesa come um alimento que vem de um Banco Alimentar. Mas é uma rede de proximidade, de bem-fazer. Conhecemos e acompanhamos as instituições, fornecemos-lhes alimentos, mas há regras. Esta organização cresceu, e daí a necessidade de haver regras, que também deve haver em matéria de caridade. São regras com amor. Talvez por isso gosto mais de caridade do que de solidariedade, e o conjunto de tudo isto fez com que me identificasse muito com o projeto. O Banco Alimentar foi fundado cá em Portugal pelo Senhor Comandante Vaz Pinto. O modelo é importado dos Estados Unidos, foi replicado em França e depois foi trazido para Portugal. É um modelo com o qual me entusiasmei porque permite mostrar que, se as instituições de solidariedade social, que apoiam pessoas, forem geridas como uma empresa, não perdendo a sua missão nem a sua vocação, podem ser mais eficientes. Estou aqui desde 1993 como voluntária, mas em 2004 fundei uma instituição que se chama Entrajuda, que funciona no fundo do parque de estacionamento, e cujo *core*, cuja missão, é levar gestão e organização às instituições. Há 19 anos que o Banco Alimentar dá o pão e desde 2004 que a Entrajuda mobiliza pessoas para levar gestão e organização.

E a quem?

Às instituições. Replicamos com a gestão o que fazemos com o pão, e tem sido espetacular. Tem custos. A única coisa que fazemos, numa lógica de eficácia, é fazer com que as pessoas percebam que o bem-fazer pode ser organizado, deve ser bem gerido. Até porque a maior parte das instituições, como vive de apoios do

Estado, é, mais do que qualquer outra, responsável por dar conta dos apoios que recebe. Se uma instituição de solidariedade, à semelhança de um hospital que vive com o dinheiro do Estado, é mal gerida, está a tirar oportunidades a quem paga os seus impostos.

Colocou a sua formação de base e a sua experiência de trabalho ao serviço da caridade.

Tem sido muito bom, tem-se mobilizado muita gente, gente muito competente que muitas vezes gostaria de contribuir e não sabe como. Aqui dá-se um vasto leque de oportunidades para as pessoas poderem participar com o que sabem fazer. A Entrajuda lançou a Bolsa do Voluntariado, que é um sírio da Internet onde as pessoas vão procurar uma oportunidade de serem voluntárias, mas com aquilo que querem e sabem fazer. Pode até não ser a sua especialidade, podem ser ótimas em Informática e ser licenciadas em Direito, mas querem mesmo é ajudar na área da Informática, e há muitas instituições de solidariedade social que precisam desesperadamente de apoio informático.

Em algum momento *between jobs* teve dúvidas sobre o que é que ia fazer, ou sempre foi muito claro para si qual era a sua missão na vida?

Depois de começar a colaborar no Banco Alimentar nunca imaginei que fosse ficar aqui uma data de anos, 17 ou 18 – já lhes perdi a conta. Achei que ia estar aqui um bocadinho de tempo e que depois ia voltar a ser assalariada, ou criava uma empresa. Mas há tanto que fazer nesta área, os desafios são tão interessantes, tão apaixonantes e tão consumidores de tempo... Posso fazer outras coisas, e faço, mas ainda tenho muito para fazer aqui e que pode gerar valor social. Nunca tive tempo para pensar que outras coisas mais gostaria de fazer, porque estou sempre a fazer. Quando decidi fundar a Entrajuda, e simultaneamente lançar o projeto «Educar para a cidadania», também aqui do Banco Alimentar, decidi-o não para fazer mais do mesmo, mas com um objetivo, estratégico, de melhorar e aumentar os nossos resultados, a nossa eficácia naquela que é a nossa missão, que é ajudar as pessoas.

Tem uma vida cheia, com projetos interessantíssimos e, como diz, de valor social. De qualquer maneira, é uma privilegiada em termos de *background* social, pôde fazer as suas escolhas. Este meu trabalho é dirigido a pessoas nessa posição, porque são as pessoas que eu oiço, não falo de pessoas que não têm a possibilidade de tomar as suas decisões por questões financeiras. O que é que aconselharia a pessoas que querem tornar a vida mais interessante e que estão amarradas a empregos sem sentido, que querem dar o salto, mas têm medo, o que é que lhes diria como inspiração, já que é uma inspiradora?

As pessoas têm de ousar, partir, olhar para dentro de si mesmas para saber o que é que de facto dá felicidade. Muitas vezes estamos em zonas de conforto que achamos que nos fazem felizes, e não fazem. Pode dizer-me que isso é fácil quando tenho um marido que ganha um ordenado para alimentar os cinco filhos, e ainda tenho uma empregada que passa a ferro, mas mesmo que não tivesse fazia o mesmo. Porque muitas pessoas não se deixam interpelar por aquilo que as possa pôr espiritualmente em causa, e tudo o que dão como adquirido, como a vida. Tenho como regra que nada é adquirido, e o êxito não é uma dádiva, é uma conquista. O maior êxito que podemos ter é, quando olhamos para o espelho de manhã, estar felizes connosco. Não é com a imagem que está refletida no espe-

MUDAR DE VIDA

lho, é dentro de nós. Há muitas pessoas que vivem vidas que não são de facto verdadeiras para elas próprias, se calhar só o são para os outros. Não são vidas ancoradas em mensagens verdadeiras, são vidas de teatro e conforto. Às vezes é preciso ousar para se ganhar perante nós próprios. Ganhamos mais quando saímos de nós, quando temos coragem para enfrentar até as nossas limitações. Estamos na vida a prazo, a coisa mais certa que temos é a morte, desde que nascemos que começamos a morrer, por isso temos de viver bem esta vida. Não temos o direito de não ser felizes, e ser feliz é conseguir encontrar dentro de nós um equilíbrio para viver com serenidade.

Tem com certeza necessitado de apoios ao longo da sua vida, para fazer as suas escolhas. Onde é que os tem encontrado?

Sou profundamente católica e acho que Deus tem um projeto de vida para cada um de nós, que muitas vezes não reconhecemos porque queremos ser nós a dizer a Deus como é que deve ser o nosso projeto de vida. O Banco Alimentar não é confessional nem político; uma coisa é estar aqui como presidente do Banco Alimentar e da Entrajuda, e outra são as minhas convicções pessoais. Mas esta minha fé é um suporte grande. Depois tenho toda a minha família, um marido e cinco filhos, que são o meu suporte afetivo. E tenho uma equipa extraordinária no Banco Alimentar, que fui constituindo. No dia a dia do Banco Alimentar de Lisboa colaboram mais de 80 voluntários e 13 assalariados, e na Entrajuda outros tantos. Todos os dias lido com estas pessoas, a porta do meu gabinete está sempre aberta, e esta equipa é um suporte extraordinário. Mais do que meras relações de trabalho, há aqui uma motivação comum. Esta coesão nos objetivos dá muita força.

Mas já teve momentos de desânimo ao longo da sua vida.
Já, claro que sim, não era honesta se dissesse que corre tudo lindamente. Todos temos suportes para as nossas vidas, temos de saber quais é que são e sobretudo temos de saber pedir ajuda quando estamos menos bem. É outra vez a humildade, a vida não corre sempre bem, temos de saber contornar as alturas em que corre menos bem. Já tive desgostos, mas temos de saber ir buscar algumas forças até nesses maus momentos, porque depois é tudo melhor. A vida não é nem branca nem preta, às vezes oiço pessoas desesperadas porque têm problemas graves, e tem de se dar tempo para viver esses problemas. Na maior parte do tempo a vida é cinzenta, o que temos de fazer é dar-lhe umas «pinceladelas». Vejo pessoas que não sabem lidar com os momentos menos bons, porque estão à espera que sejam outros a resolver-lhes os seus problemas. No entanto, dentro de nós é que tem de estar a força, não só para darmos a volta às alturas menos boas, mas também para vivermos as alturas boas. Quando estamos felizes temos de conseguir ir carregando baterias para outras alturas.

«...A pior coisa
é as pessoas fazerem
vidas contrariadas.»

PEDRO NORTON DE MATOS

Managing Partner da My Change

Durante 15 anos, dez como primeiro executivo da Unisys e cinco como primeiro executivo da Oni, Pedro Norton de Matos viveu intensamente projetos de grande responsabilidade e de grande desafio. Na Unisys alargou a sua responsabilidade a Espanha e Itália. A Oni, com base em Portugal, comprou uma empresa em Espanha, da qual também era presidente, e para além de presidente executivo da *holding* era não executivo das várias participadas. A década de 1990 coincidiu com o *downsizing* da indústria das tecnologias de informação, o que significou ver-se envolvido em processos de reestruturação, despedimentos, racionalizações, processos de negociação dolorosos com pessoas e sindicatos. A entrada na Oni ocorre em maio de 2000, o ponto mais alto das expectativas, medidas em capitalização bolsista. Ainda vive uns meses de final de euforia, entrando em 2001 até 2005 em períodos de fortíssimos reajustes. Entre eles o fecho da Oniway, projeto emblemático. «Criámos e fechámos a empresa no espaço de dois anos», recorda. «Imagine fechar uma empresa de 600 pessoas. Criá-la, recrutando, e depois de ter tudo preparado, não ter sequer a oportunidade de fazer o teste de mercado. Não foi o mercado

MUDAR DE VIDA

que chumbou o projeto, foi chumbado na secretaria, foi chumbado politicamente». Estes anos culminaram com um enfarte do miocárdio, que felizmente não deixou sequelas. «Às vezes utilizo como imagem o conta rotações de um automóvel, que chegou à zona vermelha. Estava em esforço», admite. Durante a semana em que esteve internado e a um mês de completar 50 anos, Pedro Norton de Matos, hoje com 55, prometeu à família uma mudança de vida. «De certa maneira já vinha pensando nisso», confessa, «sentia que havia coisas na vida que me estavam a passar ao lado, outros interesses que tenho, a família, os amigos, e tinha um secreto desejo de mudar de vida». Faltava o clique? «Se pode servir de alguma coisa a minha história», refere com a simplicidade que o caracteriza, «é para que não sejamos obrigados pela saúde [a mudar de vida]: pode ser tarde demais». Reequacionou as suas prioridades e um mês depois de sair do hospital conversou com os acionistas acerca do seu novo projeto de vida. Iniciava um ano de transição como não executivo. Manteve-se no *board* até final do mandato, com tempo para «arrumar ideias». Fugindo à norma de um executivo na sua posição, regressou aos «bancos da escola» e obteve uma certificação em *coaching*. Diz ter enriquecido do ponto de vista pessoal e da transformação. Depois de vários convites, tinha a certeza que não queria voltar a aceitar qualquer cargo executivo. O que queria mesmo era desenvolver negócios próprios, mas pequenos. Sem volume, mas com prazer, acima de tudo. A lógica de *boutique* especializada dá corpo à My Change e à Gingko, as suas duas empresas. Mantém ainda alguma participação em empresas de outra dimensão como *advisor*. Continua com uma agenda cheia, mas agora controlada por si. O balanço que faz é positivo. A família agradece. Decorridos cinco anos, foi generoso no tempo que me concedeu.

Não voltou a ser assalariado. Tinha algum receio de ir na engrenagem e de voltar ao mesmo?

Não, isso não. Além das minhas duas empresas, aceitei estar no *board* da Inapa, aceitei estar no *advising board* ibérico da Oracle. E depois ainda tenho negócios próprios em Angola. Acabei por criar um portfólio muito variado, que me faz ter uma agenda bastante preenchida. Mas posso dizer claramente que não tenho o mesmo nível de pressão que tinha anteriormente.

Até porque o acionista é o Pedro Norton de Matos.

Sim. Tenho variáveis muito mais controláveis, e faço a gestão da minha própria agenda. Cansa à mesma, não há dúvida. Gosto muito do que faço, mas também não posso dizer que no passado não gostasse. O que acontece é que o nível de pressão e de responsabilidade, sobretudo no projeto Oni, que era um projeto mais duro e mais difícil, mais complicado, foi muito elevado. Aí tive, a certa altura, que gerir muito os acionistas e os seus *timings*, e isso era uma função que me frustrava um bocadinho, porque gosto muito mais de estar voltado para o mercado e para os clientes do que estar voltado para dentro a gerir politiquices. Não é muito o meu forte nem o meu gosto.

Neste momento as suas prioridades são a My Change e a Gingko?

Sim, são, escolhi em áreas que até têm a ver com capital humano, com pessoas. Diria que a My Change tem a ver com pessoas no meio institucional, corporativo, empresarial, e a outra, a Gingko, com saúde e bem-estar, numa perspetiva mais individual. Os projetos tocam-se porque a Gingko tem serviços para empresas e a My Change, por exemplo, quando faz *coaching* individual a determinado membro de uma equipa, está também na perspetiva individual. Temos aqui muitas áreas que se tocam e que se complementam, mas foram claramente muito assumidas como um *hobby* meu transformado em negócio. Sinto-me um privilegiado.

Trabalha no que gosta e ainda lhe pagam por isso.

Exatamente. Não atingi aquilo que algumas pessoas chamam de sabedoria, estarei longe de o conseguir, mas ainda hei de ir mais longe no futuro; por exemplo, como adoro viajar, poder ser pago para viajar. Tenho projetos para isso.

Até agora deu-me uma visão muito agradável, à exceção do episódio de saúde.

Que até foi positivo.

Porque conseguiu tirar daí o lado positivo da situação. Que dificuldades é que encontrou?

A maior é o facto de me ter habituado a trabalhar em organizações de média e grande dimensão, em que tinha uma estrutura de apoio significativa. Numa *start up* há o inconveniente de não ter dimensão. Mas se não tem massa crítica, tem a grande vantagem da flexibilidade, da agilidade, da rapidez, do controlo. E continuo a pensar que são muito mais as vantagens do que os inconvenientes. Mas do lado dos inconvenientes, por estar francamente habituado a ter esses apoios, senti uma diferença grande.

Teve de transformar-se mais em *hands on*.

Sim, exatamente. E também procurei rodear-me de pessoas de muita confiança. Mas o início acaba por ter alguns obstáculos e algumas barreiras, sobretudo para quem vem habituado a ter uma estrutura grande de apoio. Isto para além de outros aspetos a que também vinha habituado, como uma estrutura de apoio mais próxima, a secretária executiva, o motorista. Não tanto por questões de mordomias, mais pela liberdade. Felizmente tinha tido pessoas muito próximas com uma capacidade grande de me ajudar na organização da minha vida, nos papéis, nas burocracias.

Podia estar focado só no *core*, agora tem de se desdobrar.
Não tenho problemas, nem nunca teria, pela minha forma de estar e ser, com isso, mas torna-se mais difícil focar quando há outros assuntos para tratar, que tiram esse tempo. Na fase de transição é o inconveniente, depois a pessoa cria mecanismos de defesa. Até a própria tecnologia, que evoluiu e que ajuda – o facto de andar com os PDA, receber e enviar *e-mails* –, pode permitir outro tipo de organização. Com a sincronização dos computadores pode-se criar coisas que há cinco anos não eram possíveis.

E que tinha mesmo de ser uma secretária a fazer.
Sim. Há formas de nos adaptarmos, de tirarmos partido das novas tecnologias. E confesso que gosto muito da forma como estou hoje em dia, até porque tenho vários pousos fixos, um deles em casa, e outros nas empresas a que estou ligado, e em qualquer sítio posso ligar-me e trabalhar.

E dificuldades do foro pessoal? Não quero entrar na sua intimidade, mas muitas vezes a mudança de vida, tão radical, sem ser nos aspetos práticos, mais do ponto de vista filosófico ou existencial, traz algumas dificuldades.
Não, antes pelo contrário. É um dos aspetos que também atribuo a estes últimos cinco anos, neste ciclo novo, algo que sinto ser uma maior disponibilidade, ter mais tempo de qualidade com a família e amigos, e mais tempo para *hobbies*. E do ponto de vista da espiritualidade, do aspeto mais filosófico, sinto que houve um percurso de maior amadurecimento. E não é só por estar ligado a essas áreas, nomeadamente na Gingko. A própria atividade profissional, o *coaching*, e o *coaching* também como processo de transformação e desenvolvimento pessoal, também contribui seguramente. É um conjunto de fatores

MUDAR DE VIDA

que me leva a atribuir também uma maior importância aos *soft skills*, à inteligência emocional.

Enquanto era executivo de uma grande multinacional, atribuía esse grau de importância aos *soft skills*?

Não, hoje atribuo mais. Se voltasse atrás teria atribuído mais nas minhas funções executivas. Mas de qualquer forma sempre tive alguma abertura e sensibilidade para essas áreas. Desde logo, o meu curso é de gestão de empresas, e as minhas cadeiras optativas foram no domínio da psicologia social e da psicossociologia das organizações, áreas em que sempre tive gosto e interesse. Depois, profissionalmente, já no domínio da gestão e do crescimento profissional, nos últimos 15 anos, com responsabilidades ainda mais executivas, fiz alguns trabalhos, uns internos, outros com a ajuda de consultores externos, que abordavam e analisavam a temática dos *soft skills*. Também tenho muito uma componente relacional, até pelo tipo de negócio em que estive envolvido. Os públicos ou os mercados alvo a que nos dirigíamos eram mais os que valorizavam a relação pessoal, personalizada.

Falou das dificuldades, que foram poucas, na questão de passar de uma estrutura grande para uma estrutura pequena. Neste processo todo onde é que foi buscar apoio?

Houve dois tipos de apoio. Um, no lado prático, onde também está o apoio material, foi a possibilidade de dispor de duas coisas: meios próprios, como corolário da carreira profissional, e crédito, ou credibilidade, associado a um percurso profissional que abre portas, abre boas vontades. Organizo coisas, encontros. Fiz um fórum internacional com o *Expresso*, organizo o *Green Festival*, faço que as coisas aconteçam, mas aí há apoios do cré-

MUDAR

dito, que não é só financeiro, é um crédito como pessoa. Lembro-me de apresentar alguns projetos que precisam de *sponsors*, de apoio, e em muitos dos casos tive-os. O *Green Festival* nasce de uma ideia, de uma visita minha aos Estados Unidos, em novembro de 2007, e disse à minha mulher que o queria fazer em 2008 em Portugal. E de facto aconteceu. E em 2009 aconteceu o segundo, que já foi um salto grande em relação ao primeiro. Em 2010, em setembro, aconteceu o terceiro, que foi mais outro salto. Agora é mais fácil porque a bola já está a rolar, mas no primeiro o apoio foi o acreditarem. Tive esse tipo de apoios, e o facto de dispor de meios próprios, que permitiam usar a iniciativa empresarial mais à vontade, sobretudo pequenas iniciativas, como era o caso. Por outro lado, os tais apoios do acesso ao crédito. O outro tipo de apoio é mais o suporte familiar, que acaba por coincidir, em termos de fase de vida, com a emancipação das nossas filhas, que saem de casa para viver as suas vidas e ter as suas casas próprias. Temos uma forma de estar e um núcleo bastante unido.

O que é que aconselha a pessoas que queiram ou necessitem mudar de vida? Duas ou três incitações que sejam inspiradoras, de acordo com a sua experiência.

Há uma coisa que é seguir o coração, fazer o que se gosta. Recebi um livro de uma amiga americana, quando fiz 50 anos, escrito por três *baby boomers*, de 60 e poucos anos, *Os anos do poder*, que foi inspirador. Estamos a falar de pessoas que têm 40, 50, 60 anos, que constituíram uma família, normalmente têm já as vidas resolvidas, no sentido de terem acabado a universidade, e são independentes. Pessoas a quem a vida já ensinou a saber o que querem e o que não querem, e deu a oportunidade enorme de viverem a vida e fazerem o que gostam. Muitas

MUDAR DE VIDA

vezes, nessas idades, vai-se buscar à gaveta os sonhos da infância, de idades mais jovens, e pode-se concretizá-los. Pode passar por transformar um *hobby* em negócio. Essa é a situação ideal, se for exequível.

Depende um bocadinho das idades, mas não só. É sabido que quando um jovem sai de uma universidade nos Estados Unidos, se se lhe pergunta o que quer fazer, ele quer ser empresário, já na Europa quer ter um emprego seguro. Se é que há empregos seguros – já nem na administração pública isso acontece. Mas há também uma questão cultural.

Este tipo de dica, que nem conselho é, depende de muitos fatores. Em algumas idades funciona de maneira diferente. Estamos a falar dos anos do poder. Na sociedade portuguesa é muito nessa idade, a partir dos 45, que se pode colocar a questão de seguir o coração e transformar um *hobby* em negócio. Mas vejo pessoas mais jovens a adotar essa ideia. Vejo pelas minhas filhas e pelos amigos. Já não é só aquele ano sabático em que vão viajar, mas muitas vezes é também mudar de emprego para ganhar menos, mas ter uma qualidade de vida maior. Depende muito do que é que cada um valoriza, do que é que para cada um significa ser feliz, ou ter equilíbrio entre a vida pessoal e profissional. E aí as respostas são pessoais e intransmissíveis, não há que «padronizá-las». Uns reagem mais a estímulos materiais e outros reagem mais a estímulos espirituais. Cada um deve seguir o seu caminho.

Um alerta, contudo: infelizmente a estrutura socioeconómica não é uma estrutura que facilite, que apoie, muito menos em períodos de crise prolongada e de restrição de crédito, novos projetos e o empreendedorismo. Há muitas dificuldades burocráticas; há até casos caricatos de algumas sociedades ditas de capital de risco pedirem muitas vezes a um novo projeto: «Mande-me o balanço dos últimos cinco anos» [riso]. Se é uma *start up*, se é uma ideia... Muito destes problemas já estão corrigidos, mas continua a ser um processo muito burocrático e difícil. As pessoas não podem contar com um mar de facilidades.

Aqui, uma das pistas que daria era sobre o próprio *business plan* que se faz. Há uma tendência para se ser otimista – costuma-se dizer que no papel cabe tudo. É um conselho que vem, também, da escola tradicional: vale a pena fazer um *business plan* otimista, um realista e um pessimista, e vale mais a pena pensar bem no *business plan* pessimista. Um *business plan* pessimista tem de se sustentar em clima adverso e, muitas vezes, sobretudo nos projetos em que estamos a seguir o coração, podemos não estar a ser muito objetivos e sermos levados pela emoção, ou pela paixão que temos por essa área, o que pode levar a que o sobrestimemo. Aqui a pista seria fazer um *business plan* com três perspetivas, mas escolher como ponto de referência a perspetiva pessimista. A perspetiva pessimista tem que ser viável, e se o for, muito bem, se não for, é preciso repensar. Porque dentro da nossa cultura e por alguém que venha de uma base de algum conforto, para dar esse salto é importante que seja feito com rede.

Fazer o que se gosta, tanto quanto possível transformar o *hobby* em negócio, e depois pensar num negócio com os pés assentes.

Fazer a prova dos nove, fazê-lo passar no *business plan*.

E adotar vários cenários, entre os quais «o pior cenário possível».

O pior cenário tem que ser viável. Ninguém adivinha o futuro, pode vir um cenário pior do que está a decorrer, pelo que é preferível planear por baixo e ter surpresas positivas do que o contrário. Sobretudo num ambiente que não é muito favorável ao apoio. A legislação é complicada, a pessoa defende-se. Se adotar um cenário otimista, contrata gente, e de repente vê-se com uma estrutura que, em situação de crise, não é sustentável. Ainda dentro d'*Os anos do poder*.

Está editado em Portugal?
Tenho-o em inglês. O livro é muito engraçado, exemplificando casos de pessoas que assumiram o poder sobre as suas vidas, e daí chamar-se *Os anos do poder*. Acho muito gira a expressão. Há pessoas que seguem a via do voluntariado, e isso é muito comum nos Estados Unidos.
Comigo também aconteceu de forma voluntária. A dada altura as minhas filhas saem de casa. Como estava a viver numa casa grande, um duplex, fui para uma casa mais pequena. Nos Estados Unidos têm as coisas muito pensadas – as poupanças que fazem para os miúdos estudarem –, e algumas pessoas sentem claramente que podem viver com menos, que podem simplificar a vida.

Passar de um duplex para uma casa mais pequena quando não se tem necessidade do espaço é simplificar a vida.
Ou temos uma vida mais social, temos de andar todos os dias de fato e gravata, e depois escolhemos uma coisa mais simples. Ou, como fazem nos Estados Unidos, que mudam de Estado, de clima, têm uma vida mais à vontade. Esse livro ilustra com muitos exemplos interessantes o facto de as pessoas se tornarem mais felizes. Muitas vezes é através do voluntariado. Ou fazem trabalho para as comunidades onde se sentem realizadas.

Pode ser outra incitação, as pessoas lerem este livro?
Pode ser, é um livro recheado de exemplos positivos. Mostra-nos que as universidades, a propósito da humil-

MUDAR

dade e da aprendizagem, se dedicam à terceira idade, e hoje em dia começa-se a pensar já na quarta idade. Na realidade, vemos pessoas superativas na casa dos 80 anos. Começa a ser muito frequente termos exemplos desses na família, nos amigos e nas figuras sociais, pessoas em pleno uso das suas faculdades, memória e raciocínio e a querer regressar às universidades. Dentro daquela perspetiva do saber não ocupar lugar, este livro é ilustrado com exemplos de que as universidades estão cheias. É um fenómeno que começa a invadir a própria Europa. O que sinto é – isto é uma linguagem familiar do *coaching* –, que temos sempre a possibilidade de eleger entre ser vítima e protagonista, entre ser realizador do nosso próprio filme e do nosso futuro, ou ser ator de um guião que não é escrito por nós.

E muitas vezes, nem para nós.

Não é adaptado às nossas características. Estar contrariado é um peso enorme, um custo físico e mental brutal.

E muitas vezes as pessoas nem se apercebem do que, se deixarem essa situação que os aprisiona, se pode abrir de repente. Mantêm-se na situação por questões de remuneração, porque têm dificuldade em sair da sua zona de conforto e não imaginam o que pode acontecer a seguir de positivo.

O abrir de possibilidades, de opções. Nesse aspeto é muito a questão de poder escolher ser o realizador do próprio filme, mais do que deixar outrem escrever o guião para nós. E claramente essa noção de que a mão que mais nos pode ajudar está no fim do nosso braço. Sei que há muita gente que está à espera de um clique. E outras tiveram-no, independentemente das idades. Por exemplo, nestas áreas, na Gingko, uma pessoa que era gerente num banco, com 30 e poucos anos, e de repente o que gosta é ser professor de ioga, é dar aulas de ayurvédica. Começam a ser muitos casos e isso não escolhe idade. Conheci duas italianas, com 50 e pouco e 60 anos, que têm uma casa muito bem arranjada e depois alugam os quartos, uma *guest house*. Fizeram-no, não só para se entreterem, mas porque têm ali um rendimento para a manutenção da casa. Não conheço detalhes nem me interessa conhecer, mas apenas o suficiente de uma conversa de alguma profundidade. Uma delas disse-me que fez a opção de sair de Roma – não sei o que é que deixou para trás –, foi para uma ilha e viu-se confrontada com o seguinte: «Tens 30 quilos de bagagem para levar, o que é que levas?». Se esta questão nos for colocada, o que é que escolhemos, o que é que deixamos? Percebi nas entrelinhas que ela deixou muita coisa para trás, não sei se deixou uma família.

Mas fez uma escolha radical.
Tenho conhecido pessoas desde o rapaz ou a rapariga de 30 anos até pessoas mais velhas que o fazem mais tarde: paulistas, suíços, argentinos, pessoas de todas as idades e feitios. É uma questão um bocadinho cultural, e depois depende de cada um: se tem encargos, se tem filhos crescidos. Mas a pior coisa é as pessoas levarem vidas contrariadas.

«Podemos não estar a vê-las,
mas há sempre soluções.»

TERESA LACERDA

Presidente da EWMD International

O motor de mudança da sua vida profissional não foi o despedimento ou a insatisfação com a sua atividade profissional. A grande mudança na vida de Teresa Lacerda ocorreu quando foi mãe de trigémeas. O *cliché* da conciliação entre vida privada e vida profissional caiu por terra quando percebeu que não era possível conciliar uma carreira na banca com a disponibilidade a *full time* exigida por três bebés que chegaram ao mesmo tempo. Nessa altura, quando saiu do Deutsche Bank, Teresa Lacerda era subdiretora de *corporate banking*. No entanto, passado um ano do nascimento das filhas, decidiu reorganizar o seu tempo e, com uma sócia, abria um restaurante sob um contrato de *franchising*. Reorganizou também o espaço dentro de casa e era a partir daí que trabalhava. Abriram três restaurantes que mais tarde venderam. Pelo meio ainda foi acionista de uma empresa de energias renováveis que apoiava na direção financeira, mas de onde saiu. Quando decidiu, em 2007, fazer um mestrado com uma dissertação na área da Liderança, a sua vida voltou a mudar. Atualmente, prepara o doutoramento em gestão e as suas áreas de investigação inscrevem-se no âmbito da liderança, da ética nos negócios e da responsabilidade social.

MUDAR DE VIDA

E é quando começa a interessar-se por estes temas que recebe o convite para lançar, em Portugal, a delegação da EWMD – European Women's Management Development, uma *network* que incentiva as mulheres a desenvolverem carreiras de gestão e a ocuparem lugares de topo. Mas não se pense que se trata de uma organização militante feminista. Apenas o contexto socioeconómico atual leva a que faça sentido que cada vez mais mulheres possam escolher uma carreira sem constrangimentos impostos pelo género. O que interessa verdadeiramente a Teresa Lacerda é o tema da liderança relacionada com a «identificação de práticas pouco éticas por parte das direções de topo que levaram à falência algumas empresas e instituições do setor financeiro». «Qual é o tipo de liderança adequado aos tempos turbulentos que vivemos?» é a questão que se coloca a si própria. E como escreveu a tese de mestrado em inglês, uma editora alemã de livros académicos descobriu-a e convidou-a a publicá--la. Este reconhecimento vem confirmar-lhe que encontrou o seu propósito e que desistir não é uma opção.

É mãe de trigémeos.
Três gémeas. Ainda consegui estar a trabalhar depois de as minhas filhas nascerem, mas cerca de um ano depois foi muito difícil conciliar horários, com grande pena minha. Na altura estava a viver em Cascais, demorava cerca de duas horas, ida e volta, e foi de facto muito difícil fazer esta conciliação entre a vida profissional e a privada. Se tivesse tido apenas um bebé era claramente mais fácil. Com três bebés, foi muito complicado. Foi por este motivo que tomei a decisão de arrancar com um primeiro projeto empresarial, que começou com a cons-tituição de uma empresa no setor da restauração. E como não entendia nada deste setor, avancei com um parceiro de *franchising* e entrei nesse projeto com uma grande amiga minha – somos amigas desde os 14 anos. Arrancá-mos com um contrato de *franchising* com uma entidade

espanhola que tinha uma subsidiária em Portugal. Esta sociedade tinha um plano de expansão em Portugal com um conceito de restauração temática mexicana. E a nossa intenção era começar com o primeiro e depois continuar com a abertura de mais restaurantes.

Como é que conseguiu conciliar?

A organização do tempo passou a ser completamente diferente. Podia estar durante o dia com as minhas filhas e depois trabalhava à noite, ou trabalhava um fim de semana e eventualmente uma parte do dia e outra não. Conseguia conciliar, a flexibilidade era total. A maior parte do trabalho até se podia fazer a partir de casa. Por esse motivo, dei um passo importante que foi criar uma estrutura dentro de casa e começar a desenvolver todo o trabalho a partir daí. Com o primeiro espaço que abrimos, quisemos desenvolver e delegar uma parte do controlo operacional na equipa que tínhamos, ou seja, desenvolvemos um modelo que passava por uma grande autonomia da equipa. Todo o controlo financeiro era feito a partir do escritório, através do acesso a toda a informação que conseguíamos ter online. Este foi o primeiro projeto. Passado ano e meio estávamos a abrir o segundo restaurante, e nesse mesmo ano abrimos o terceiro. Esta experiência no setor da restauração foi completamente diferente da que tive na banca, porque a grande dificuldade era fazer a gestão de equipa e encontrar pessoas qualificadas para desenvolver o seu trabalho em função dos objetivos definidos. Tínhamos de começar com uma boa seleção dos colaboradores e desenvolver uma boa equipa que tivesse o desempenho pretendido. E esse foi o maior desafio. Aprendemos muito mais, eu pelo menos aprendi.

Aprendeu mais de coisas diferentes, de pessoas.

Exatamente, relacionamento com pessoas, principalmente. E também a situação que um empresário enfrenta ao ter de conhecer várias áreas em simultâneo. Quando estamos numa grande instituição, como os bancos onde trabalhei, temos as diferentes áreas que se complementam. O próprio banco tem direção de recursos humanos, tem direção financeira, departamento legal, tem um conjunto de direções especializadas na sua área. Um empresário quando arranca com o seu projeto tem de saber tudo.

Ou pelo menos tem de fazer tudo, pode não saber, mas tem de fazer, tem de ser uma «*one woman show*».

Completamente. Tem de dominar a área financeira, a legal, a área de pessoal, tudo, e essa acaba por ser uma aprendizagem muito enriquecedora, porque o empresário tem a visão do que é verdadeiramente uma empresa. Quando fazemos parte da direção de uma grande instituição estamos muito focados na nossa área de especialização e, se não estivermos numa direção comercial, não estamos tão próximos dos clientes. Numa grande instituição, o facto de haver departamentos estanques impede-nos de ter esta visão global. Desse ponto de vista, acho que a experiência foi muito gratificante.

E depois o que é que aconteceu? Venderam o negócio?

Vendemos todos com exceção de um, para o qual tínhamos um contrato de *franchising* de dez anos. Resolver o contrato era complicado, pelo que decidimos ficar até ao fim. Essa foi uma experiência bastante engraçada, com vantagens e inconvenientes, mas muito rica sob todos os aspetos. Quem nunca teve esta experiência empresarial que implica ter uma visão multidimensional do próprio negócio, acho que acaba por ter apenas uma ideia parcelar do que é uma empresa. Outra das experiências que tivemos...

Quando diz «tivemos», é novamente a Teresa e a sua sócia?
Não, aqui fui só eu. Eu, como acionista numa empresa de energias renováveis, estive a apoiar durante um ano e pouco esse projeto na direção financeira. E a empresa continua, eu é que saí entretanto.

Era diretora financeira e acionista?
Sim. Só que na altura estava a fazer um mestrado e foi quando recebi o convite para lançar a delegação da EWMD em Portugal.

Como é que esse convite surgiu?
Em 2007, aderi como membro à EWMD e participei numa sessão em Estocolmo, sobre estratégia, onde estiveram representantes de vários países. Gostei muito da experiência porque já sentia falta deste contacto internacional. E também gostei de falar com outras mulheres que tinham tido experiências profissionais muito enriquecedoras. Algumas tinham conseguido chegar ao topo, outras não, e discuti com elas sobre o tipo de obstáculos que tinham enfrentado.

Pelo facto de serem mulheres?
Sim. Como esta reunião foi importante para ver as diferenças existentes nos vários países! Por exemplo, em Portugal existe um sistema social que apoia bastante a mulher na sua vida ativa. Mas noutros países já não existe esse apoio social para poderem ser mais ativas do ponto de vista profissional. Confrontadas com estas diferentes realidades, há mulheres que têm determinados obstáculos por falta de apoio institucional e familiar que lhes

MUDAR DE VIDA

permita desenvolver a sua carreira e chegar ao topo nas organizações onde trabalham. Na Suíça e na Alemanha, quando as mulheres têm filhos pela primeira vez, existe uma grande pressão social para ficarem em casa a cuidar dos seus filhos, e não existe apoio, ou, se existe, é pouco e acaba por ter um preço elevado. Existe mesmo por parte da família uma pressão para que a mãe fique em casa. Esta situação levou alguns membros da EWMD na Alemanha a optarem pela carreira e a suspenderem ou adiarem a constituição de família e a maternidade. Aqui, com alguns efeitos negativos ao nível demográfico, que vamos ver daqui a algum tempo. Mas eles existem, sem dúvida. Foi muito engraçada esta reunião porque conheci mulheres fantásticas, com um percurso profissional interessante e uma vivência pessoal muito intensa. Na altura, conheci a presidente da EWMD International, que entretanto saiu. Quando me conheceu, lançou-me o desafio de organizar a conferência internacional da EWMD pela primeira vez em Lisboa e de lançar em simultâneo a rede em Portugal. Estas conferências são realizadas uma vez por ano, sempre com um tema ligado à gestão. A conferência que se realizou em 2008 tinha por tema «A inovação vista pelas mulheres, uma perspetiva diferente».

E em relação à Teresa, ao seu papel aqui, agora só faz isto, está inteiramente dedicada a este projeto? Foi um passo que deu, não é uma assalariada, qual é o seu vínculo? O que é ser presidente em termos de vínculo, como é que funciona?

Agora sim. A nomeação é feita pelo período de dois anos por eleição. Fui eleita em junho de 2009, tenho um mandato de dois anos, ou seja, vai haver uma nova eleição em que posso ser reconduzida ou não. O sistema é perfeitamente democrático.

Quando deixou a empresa das renováveis, achou que precisava mesmo de se dedicar por inteiro a este projeto?
Exatamente, era completamente impossível conciliar.

Ficou sem nenhuma ligação à outra empresa?
Sim.

É um trabalho remunerado?
Não, nenhum elemento do *board* da EWMD é remunerado, sendo suportadas apenas as despesas de deslocação a outros países. Em 25 anos de existência, nunca foi atribuída qualquer remuneração às pessoas que compõem o *board*. Temos um sistema de dupla presidência, que está sempre em rotação, mas que assegura a continuidade, uma vez que uma das presidentes já exerce funções há mais tempo. Há um ano em que fica uma presidente com um papel mais em destaque, depois roda, no outro ano já é outra presidente. O *board* é composto pela diretora financeira, de marketing, comunicação, membros corporativos, e pelas representantes de cada país.

E a representante de Portugal é simultaneamente a Teresa?
Fui, no ano passado até novembro, depois foi nomeada e eleita outra representante. Era muito complicado estar aqui a desenvolver um plano de atividades intensivo.

A Teresa pôde fazer isto, em termos financeiros, mas nem todas as pessoas podem prescindir de um salário.
Vai ser uma situação temporária, porque a fase letiva do doutoramento começou agora, que é período de maior dedicação académica. Depois de terminar a fase letiva, inicio o trabalho de investigação para concluir a tese. Supostamente a tese leva dois anos a fazer, dependendo da disciplina que se conseguir impor. Mas, de facto, aquilo

que me atrai mais é a parte da investigação, que já experienciei ao longo do mestrado. Gostei muito de fazer essa investigação.

Onde é que tem ido buscar apoios desde que deu à luz três gémeas?

Em primeiro lugar, e acima de tudo, ao meu marido, que tem sido um grande parceiro desde que nos casámos, mas fundamentalmente desde que as nossas filhas nasceram. Sem o apoio dele, teria sido completamente impossível conseguir conciliar a maternidade com a atividade profissional. A nossa vida tem tido alguns momentos mais difíceis que conseguimos ultrapassar porque nos mantivemos sempre unidos.

Como assim?

Nem sempre as coisas correm bem, temos momentos mais baixos. Haver a compreensão e o apoio do parceiro é fundamental, seja no caso da mulher ou do homem. Ter um apoio em casa é uma ajuda. E depois todos os outros mecanismos de ajuda, a família, a própria escola tem apoiado imenso, e de amigos, principalmente da minha amiga que foi minha sócia até há duas semanas atrás [riso]. Mas continuamos muito amigas, é engraçado porque normalmente não se costumam recomendar as sociedades entre amigos, antes pelo contrário. A nossa funcionou sempre muito bem, acho que até serviu para nos aproximar mais. Essas verdades não são absolutas! Há casos e casos. Tenho contado sempre com ela mesmo nos momentos mais difíceis, temo-nos apoiado muito uma à outra. Ter uma pessoa com quem consigamos estabelecer um elo de ligação muito forte, em quem confiamos e que tenha a possibilidade de partilhar responsabilidades reforça a nossa capacidade de resiliência e, perante qualquer dificuldade, conseguimos ultrapassá-la e avançar em direção à próxima dificuldade.

Isso que acabou de dizer, faz parte do que diria a alguém como orientação?

Há sempre soluções, podemos não estar a vê-las. Mas por pior que a situação seja, sabemos que há sempre solução. Todas as dificuldades fazem parte da vida de um empreendedor, tivemos várias dificuldades. Vivemos todas, todas as possíveis e imaginárias.

Alguma vez lhe apeteceu desistir?

Várias vezes, não foi só uma. Mas daí a tal necessidade de ver que desistir não é a melhor solução, e continuar. Ajudou muito o facto de ter uma sócia e esse apoio foi sempre mútuo.

Como é que iniciou esse negócio em que foi empresária, com recurso à banca ou com capital próprio?

Foi essencialmente com capital próprio. Os contactos com a banca foram sempre difíceis e nem sempre com condições que fossem aceitáveis.

A partir de agora vai ser mais difícil. Tendo em conta a sua experiência e o seu *background* na banca, o que é que aconselha?

Tentar encontrar um banco que seja parceiro e que esteja disponível para apoiar o projeto. Os empreendedores têm de fazer um bom *business plan*, considerando o pior dos cenários. Se não conseguir apoio da banca, é preferível que contem com a contribuição de amigos para serem sócios no projeto, e entrarem com capitais próprios.

Ou pelo menos que os capitais próprios sejam superiores ao financiamento externo.

Sim, sim, ter ali alguma regra de prudência, porque a evolução é negativa e perspetiva-se que as condições financeiras se agravem cada vez mais. Esta situação da Grécia vai levantar alguns receios adicionais e a situação de Portugal é muito frágil, temos uma dívida externa elevada e o próprio país vai ficar numa situação complicada.

O que diria como palavras finais a pessoas que estejam agarradas a uma situação que não lhes agrada, mas que estão ali porque ainda não encontraram coragem para avançar?

Em primeiro lugar, que façam uma grande introspeção e não se resignem a aceitar essa situação desagradável. Que pensem qual é a atividade que lhes dará prazer desenvolver no curto prazo e, ao mesmo tempo, lhes dê um grande significado para a sua vida e realização pessoal. Depois, quando identificarem essa atividade, que tenha coragem para avançar. E, finalmente, quando decidirem avançar, façam o vosso trabalho de casa. Estudem muito bem qual é o setor, façam um bom *business plan*, que não é para emoldurar. Deve ser realista, e mesmo com um cenário bastante pessimista, para ver se há alguma viabilidade do projeto ou não. Mas essencialmente falem com pessoas que trabalhem nesse setor e possam dar conselhos. Não avançarem de cabeça é fundamental. E depois, definirem objetivos que sejam ambiciosos, mas também realistas, que permitam à empresa crescer de forma sustentada. Temos de contrariar a orientação das empresas para o curto prazo e trabalhar de forma sustentada para atingir essa visão que definimos para o médio e o longo prazos.

SEGUNDA PARTE

Transformar

Dar nova forma a; modificar; renovar; alterar; metamorfosear; transfigurar; regenerar; melhorar; variar; desfigurar; mudar de forma; converter-se; disfarçar-se; tornar-se diferente; modificar-se; regenerar-se.

Grande Dicionário da Língua Portuguesa
Porto Editora

Nunca as palavras transformação e renovação foram tão utilizadas no quotidiano como nestes últimos anos em que fomos obrigados a abandonar a maneira habitual de encarar o trabalho e o emprego.

Hoje, mais do que um emprego, o que é importante é ter trabalho. E para tal é, muitas vezes, necessário adquirir novas competências ou desenvolver outras que desco-

MUDAR DE VIDA

nhecíamos ter para fazermos coisas diferentes. Ou para fazermos o mesmo de maneira diferente.

É um caminho que pode exigir tanto mais coragem quanto mais tempo se esteve a fazer sempre o mesmo. E alguma resiliência: os resultados nem sempre são imediatos, e falhar aos 40 anos tem um peso diferente de falhar aos 20 anos. Há uma nova vida que vai, a pouco e pouco, tomando forma. Alguns descobrem «um lado» de si próprios que os surpreende, e só se deixam ultrapassar por si próprios.

Quase todas as pessoas aqui incluídas reconhecem que foi importante um período de paragem e reflexão, maior ou menor consoante o caso, em que as competências mais fortes foram exploradas, permitindo criar um futuro plano de ação com consistência. Por outro lado, um processo de transformação exige abertura e disponibilidade, e para isso muitas vezes precisamos de parar, como se fosse necessário darmos sentido à experiência que acumulámos.

A experiência que estas pessoas adquiriram no passado foi capitalizada, mas alvo de transformação. Algumas mantiveram-se na sua área, mas tornaram-na diferente, como é o caso de Carlos Coelho que recomeçou do zero, renovando o negócio de *branding*, para além da escrita e das palestras que lhe ocupam uma boa parte do tempo. Ou como Francisco Noronha, que conseguiu aproveitar o *outsourcing* que muitas empresas do setor farmacêutico fizeram da função que ele próprio desempenhava e que levou a que o dispensassem para construir um negócio que lhes é dirigido. Mas outras houve cuja transformação foi total, como João Cotrim de Figueiredo, que assumiu a direção-geral de um negócio que lhe era totalmente desconhecido.

*«As pessoas que não levam o pontapé,
acham que o futuro vai ser sempre pior;
porque é que não utilizam o outro lado,
que é de graça, de achar que o futuro
pode ser sempre melhor?»*

CARLOS COELHO

Presidente da Ivity

O ex-presidente da Brandia Novo Design, Carlos Coelho, foi fundador da Novo Design, que chegou a ter quase meio milhar de pessoas empregadas e uma considerável notoriedade e prestígio no meio publicitário e do *branding* em Portugal e no estrangeiro. Quando olha para o que se passou, Carlos Coelho considera que foi alvo de um golpe palaciano: «o que me aconteceu foi mais ou menos ter sido posto fora de casa pelos meus filhos». Ele que escolheu a vida profissional em detrimento de uma vida familiar.

A empresa era a sua casa, «era lá a minha sala de jantar e de estar». Diz que nunca foi movido pelo dinheiro, nem sequer pela ambição do poder. Só teve a noção do poder que tinha depois de ter saído. É o exemplo de alguém que foi obrigado a recomeçar do zero e que em muitos aspetos se reinventou descobrindo novas formas de estar no mercado.

Na nossa conversa, não quis falar do processo de aquisição da Novo Design que «foi muito confuso», mas confessa que o seu mundo se desmoronou, até porque foi um dos seus amigos mais íntimos que o despediu. «É como levar um tiro de um amigo». Foi a primeira vez que chorou em frente dos filhos.

MUDAR DE VIDA

O contributo deles para o animarem foi, apesar de perplexos, dizerem-lhe: «Ótimo, assim o pai vai ter mais tempo para nós». Pensou em oferecer-lhes o luxo de fazer dois meses de férias, que se transformaram em quinze dias, após um dos filhos ter adoecido gravemente. Achou que não tinha forças para iniciar uma guerra e que «numa guerra os destroços são muito pesados». Aceitou um contrato de não concorrência. Quando a sua saída foi tornada pública, o telefone deixou de tocar. Ter sido obrigado a manter-se calado, para preservar a estabilidade da sua ex-empresa, defendendo desta forma as pessoas que durante tantos anos trabalharam consigo, ainda hoje lhe pesa muito. É um lutador na adversidade e hoje considera-se mais forte, «foi assim um exercício de maturidade». Durante o primeiro ano começou por fazer palestras e, numa «operação de raiva», escreveu e lançou o livro *Portugal Genial*, seguido do *Brand Taboos*, ao mesmo tempo que iniciou a participação escrita em diversas publicações. Não procurou dinheiro, antes afirmar-se, e escrever foi libertador. E, por causa de tudo isso, foi obrigado a manter uma atividade intelectual intensa, pois tinha que estudar e preparar-se para as conferências que começou a fazer. Considera que a melhor remuneração vem das muitas palmas que recebe de cada vez que faz uma intervenção pública. Quando isso não acontece, é porque não correu bem. E descobriu o seu lado «pregador». Acredita no poder da influência que tem tido junto de milhares de pessoas, sobretudo de jovens universitários. Atualmente, tem uma carteira de clientes diversificada onde cabem os grandes, mas também «projetos pequeninos, mas fantásticos». Três anos depois de ter fundado a Ivity, Carlos Coelho, «o Senhor das Marcas», recebeu-me sem cartão de visita para a troca.

A única coisa que o contrato de saída lhe exigiu foi a não concorrência no setor da construção de marcas.

Exatamente.

Passado esse período, como é que está a correr o projeto da Ivity?

Foi mais ou menos como ter um filho pequenino aos 40. Estava habituado a comandar um porta-aviões e passei a ter um barco a remos. Não é a mesma coisa, ter um filho adolescente ou adulto é diferente de ter um bebé com fraldas. Tenho mais experiência, tenho mais tudo, mas o que é certo é que, se por um lado havia uma expectativa grande no mercado, por outro lado houve muita calúnia lançada contra mim, é um facto. Sabe o que é o silêncio? Ainda hoje sinto algum silêncio. Sabe o que é as pessoas não dizerem nada, desconfiarem? Essas calúnias ainda hoje se vêm a revelar: que era um péssimo gestor, que sou muito criativo mas muito desorganizado. Outro dia, alguém que ainda trabalha na empresa dizia: «O problema é o passivo que o Carlos deixou». Isso a mim mata-me, é de quem não me conhece, *I'm a business man*, ao contrário do que as pessoas possam achar, sempre contribuí para os resultados positivos e não para os negativos. E foi isso que aconteceu. É calúnia. A estratégia foi sempre dizer que era muito bom, um visionário. Fui colocado numa posição no mercado em que, para os gestores sou uma ave rara; para os criativos sou um careta.

Ficou o fiambre da sanduíche.

Sim, mas fico tranquilo, esse é o melhor dos mundos. Em primeiro lugar, não sou nem uma coisa nem outra. Se acham isso, dá-me um espaço enorme para me mover junto dos gestores, podendo dizer tudo aquilo que me apetece, sou considerado *freak*, tudo bem. Foi uma forma de ostracização. Foi criada uma barreira silenciosa com grande parte das pessoas que me apoiaram no passado a não me apoiar. O que é que isso traz à vida?

Mesmo hoje?

Sim. Apareceram outras, que se calhar não apoiavam porque aquelas apoiavam. Apoiar no sentido de estar mais perto. Surgiram outras oportunidades. A Ivity é um bebé, tem corrido otimamente, enchemos o peito de ar e resolvemos afrontar o mercado. Por exemplo, não participamos em concursos do mercado. Uma das pessoas que me apoiava dizia: «Carlos, o que é que foi fazer, ninguém lhe vai comprar nada», e eu dizia: «Acha que agora com esta idade vou outra vez para a escola preparatória?», «Está a ser muito arrogante», «Não, estou só a dizer que não estou disposto a estar nas regras do mercado. Para quê? Para concorrer com os meus filhos?». Vejo o mercado mais ou menos desta forma: tem uma zona da rebentação, que será para aí 90% do mercado, e depois há o mar profundo, onde estão os restantes 10%. Na zona de rebentação há ondas fantásticas, mas saímos daí e entramos no mar profundo, onde estão os bichos grandes, os concorrentes americanos, de quem ninguém sabe o nome. Por isso, temos um escritório à porta fechada, não temos rececionista, ninguém atende. Têm mesmo de esperar e fazer bicha para falar connosco. Não vale a pena, não estamos nesta para responder depressa. E o que aconteceu foi que, ao princípio, começámos com projetos de menor dimensão. Só vinha alguém conhecido. E então descobrimos que havia projetos pequeninos fantásticos, pessoas que nos adoravam, para as quais fazíamos uns preços que eles podiam aceitar.

E é esse o tecido do nosso país, de pequenas e médias empresas.

Não só, mas foi por aí que recomeçámos. Constatámos que gostavam mais de nós, que utilizavam melhor os nossos serviços, que tínhamos relações mais duradouras.

Com maior proximidade.

Às vezes diziam-nos que achavam que a nossa carteira de clientes era muito mais urbana. A nossa carteira de clientes é muito diversificada. O nosso maior cliente é a Coca-Cola, a maior empresa norte-americana de *marketing*, a segunda é a Caixa Seguros, do Grupo Caixa Geral de Depósitos, e depois temos desde o Licor Beirão, da Lousã, a Primor, de Famalicão, a grande Sonae, do Porto. No Alentejo, a Adega Maior e a Delta, nos Açores, a Sata. Temos clientes não necessariamente urbanos, marcas portuguesas, boas.

Quantas pessoas tem?

Tenho 40, em termos práticos, 30 dentro de casa e mais um grupo de dez pessoas avençadas, com responsabilidades mensais, concretas, não são *freelancers*. Em três anos, alcançámos um volume de negócios significativo. Depois começaram a vir os clientes grandes, quando perceberam que, afinal, não ir a concursos não era uma coisa desonesta, era uma coisa séria. Agora já ninguém liga, mas ao princípio ligavam-me, «tenho aqui uma oportunidade ótima para si, consegui incluí-lo num concurso», «para mim não é oportunidade nenhuma, não leve a mal mas, nesta altura da minha vida, não encaro isso como uma oportunidade, é uma oportunidade para si, você precisa de uma marca, eu não». Há aqui uma parte de que o mercado não estava à espera, que não reagíssemos, nem eu, nem o Paulo. Temos aqui as superestrelas, não temos aqui coitadinhos. Não fomos abalados na nossa estrutura profissional. Nós sabemos criar e gerir marcas, podem tentar-nos com tudo que o nosso saber é cada vez mais forte.

Criou a Ivity em 2007. Nesse interregno, que apoios teve? O que é que lhe serviu de suporte para essa estoicidade?

Na altura, a minha namorada, amiga, colega, escritora, que me reviu o livro todo, de dia e de noite durante um mês, para conseguir que saísse a horas. Não fui despedido sozinho, fui despedido com o meu melhor amigo, e fundador da Brandia Design, o Paulo Rocha. Acabámos por ficar os dois a apoiarmo-nos mutuamente. E também o apoio dos meus filhos, houve mais intimidade. E, por estranho que pareça, apoiou-me a energia pública, a energia que ia retirando dos sítios onde ia falar. Chego a ter crianças a pedir-me autógrafos, fico sempre comovido. E fico sempre com elas um bocadinho e pergunto porque é que querem um autógrafo. O *feedback* de sentir que afinal tenho um «poder» imenso que não estava a usar.

O poder de uma marca.

Sim, pode-se chamar uma marca pessoal. Fui dar palestras em 10 países – em Angola, em Cabo Verde, nos Estados Unidos – e via que acontecia mais ou menos a mesma coisa: um grande entusiasmo pelas minhas palavras e pela forma como abordava o tema das marcas. Outro apoio foi fazer um *cocoon*. Fomos para um escritório mínimo; o único apoio que tinha era uma secretária, que estava no mesmo sítio que eu. Foi passar de uma estrutura enorme para um casulo que as pessoas eventualmente descobriam para ligar para lá e falar comigo.

Não divulgavam.

Não. Pode acreditar, não tenho cartões de visita, ninguém tem. Não temos nada. Não se esconde que há uma certa obsessão de sermos diferentes, de encontrarmos um caminho diferente, de acreditarmos que as coisas não têm de ser melhores, têm de ser mesmo diferentes. E isso se calhar é que fez com que este ano seja quase impossível repetir. Ganhámos os dois grandes prémios de design, fomos eleitos a empresa do ano, e já tínhamos sido eleitos a empresa do ano logo no primeiro ano, o que era impensável. Fizemos meia dúzia de coisas, não temos a pretensão de achar que somos *superstars*. Quando se trabalha num nível muito elevado sabe-se que é muito fácil falhar.

Quando a fasquia é alta, a expectativa...

É muito elevada, a probabilidade é de sempre poder fazer alguma asneirada. Mas tem corrido muito bem. É um percurso de vida diferente. Tenho trabalhado mais do que trabalhava, fui acrescentando coisas, em vez de retirar, mantive mais ou menos a atividade do ano em que trabalhei. Não, não estou a ser verdadeiro.

Mas ainda escreve.

Sim, mas na altura era uma loucura, escrevia em média dois artigos por dia, não tinha nexo. Era completamente inviável, parei com a maioria das coisas. Agora escrevo semanalmente no jornal *I* e mantenho algumas colaborações com revistas. Comecei agora outro projeto, para editar, que é uma vez por semana, e escrevo mais ou menos uma vez por semana para sítios não regulares. Mas mantenho uma atividade de cerca de 30 conferências por ano. Não escondo que gosto muito das conferências. E também não escondo, não tenho vergonha nenhuma, e assumo, que na grande maioria das conferências, mesmo

MUDAR DE VIDA

internacionais, sou o melhor orador. Porque sei isso, sinto isso e tenho o *feedback* disso. E isso dá-me uma energia muito grande. Tento fazer menos conferências, porque me obrigam a muitos quilómetros, viagens de muita adrenalina em meia hora, mas que me alimenta. É a grande diferença em relação ao passado: estou muito mais aberto a explorar outras capacidades que não apenas ficar fechado no escritório a desenvolver grandes teorias.

O que é que diria em duas ou três palavras a pessoas que passassem por uma situação semelhante? Ou que tenham que se lançar a um novo projeto, que tenham de se fazer à vida?

Em primeiro lugar o medo é bom, ter medo é ter consciência. Quando perdemos o medo em relação a alguma coisa, temos a probabilidade de falhar porque achamos que está tudo bem. É bom que tenha medo, tenho de ter os meus radares todos ativos para fazer alguma coisa. Entramos aqui numa perspetiva muitas vezes considerada utópica e muito romântica, mas não acredito que seja possível ter sucesso, durante muito tempo, se alguém não fizer realmente uma coisa em que sente que a sua contribuição é recompensada, seja em termos de remuneração económica, social, ou de natureza sentimental.

Por isso, a primeira questão é o medo, mas com a convicção de que, se não estou no caminho certo, devo encontrar outro caminho. Normalmente estamos a fazer uma avaliação do futuro sem ter a mais pequena capacidade de o fazer. Diria que o custo de não se fazer uma coisa de que se gosta é muito elevado, paga-se em frustração, em insatisfação.

Muitas vezes dizem-me que falo assim porque tenho muito sucesso, mas o sucesso não é um lugar. As pessoas cujo raciocínio é «estou aqui neste sítio, sou bem pago, mas não gosto de fazer o que faço», só podem estar à espera de levar um pontapé, e se levarem um pontapé vão fazer de certeza [riso]. As maiores revoluções que se fazem na vida são com pontapés. No entanto existe outro caminho, o de ter coragem para enfrentar o medo. Não é fugir do medo, é ter coragem para fazer, é achar que somos sempre muito mais do que aquilo que o nosso cartão de visita diz. As pessoas às vezes vêm para cá e dizem que são isto ou aquilo e eu respondo-lhes: «por mim, vamos discutir primeiro essa parte que é de graça. Quer ser o quê, presidente? Por mim está tudo bem, desde que isso não tenha implicações no salário.» O cargo é de graça, não tem significado; na realidade, não somos sequer aquilo que os outros pensam que somos. Se acreditamos que somos capazes de fazer alguma coisa, e assumimos isso, os outros depois vão acreditar. Classifico-me como guerreiro, reajo de forma bruta à adversidade. Tenho mais dificuldade em reagir bem ao bem-estar do que à adversidade, reajo naturalmente como um guerreiro. E reconheço que há pessoas que perante a adversidade reagem como se deve reagir no bem-estar: passivamente. Param, não conseguem ver nada, só veem muros onde não há nada, onde há liberdade. Só veem noite quando é de dia. É sempre difícil dar conselhos aos outros.

Chamo-lhes mais incitações do que conselhos. Uma incitação à ação, se quiser, o objetivo é esse, mais do que um conselho.

As pessoas têm de se libertar, mas é difícil, da escravatura do dinheiro. Sei que é dificílimo, e tento sempre dizer isto com algum cuidado. As pessoas dizem-me: «fala de barriga cheia». A minha vida não foi sempre de barriga cheia. Tem-se medo do futuro, não se sabe como é o futuro, mas quem é que sabe se amanhã não pode estar a ganhar 50 vezes mais do que está a ganhar hoje? É a mesma coisa que estar a projetar a saúde futura com base na saúde atual: sinto-me bem hoje, logo, vou sentir-me bem no futuro. Errado. Sinto-me bem hoje, mas posso ter uma doença, ou ao contrário. Há que desmaterializar; as pessoas procuram pouco a sua liberdade, fecham-se nos seus constrangimentos. Normalmente, na projeção, as pessoas que não levam o pontapé acham que o futuro vai ser sempre pior; porque é que não utilizam o outro lado, que é de graça, de achar que o futuro pode ser sempre melhor?

*«Façam o vosso luto, dêem-lhe espaço
e não o escondam,
não há problema, é normal.»*

CELESTE BRITO

Consultora de Recursos Humanos

Até maio de 2009, Celeste Brito foi a Diretora de Recursos Humanos para Portugal de uma multinacional farmacêutica. Embora tivesse saído da empresa mais cedo do que o previsto, estava preparada para esse desfecho. Uma reestruturação a nível europeu, antes de um processo de aquisição de outra multinacional do sector, conduziu a que todas as funções estratégicas fossem centralizadas. A função Recursos Humanos nos países pequenos deixou de ser interessante. Sem a componente estratégica, sem autonomia e sem *budget* para a formação e o desenvolvimento das pessoas, Celeste Brito sentia-se «entediada». Curiosamente, apesar de preparada para o despedimento, acreditava que ainda iria ter um papel importante no processo de integração da empresa adquirida. Tal não aconteceu e, a avaliar pelo entusiasmo com que fala da sua situação atual, terá sido melhor assim. Quando recebeu a notícia do seu despedimento, diz ter feito um luto emocional, «sofri durante 48 horas». Depois acordou na sua casa de Sagres, num sábado de sol, e pensou «para a frente». Ainda não sabia se queria continuar a ser diretora de Recursos Humanos, se queria criar um negócio, ou... ficar de férias, a aproveitar a primavera.

É preciso dizer que, no curto prazo, a sua situação financeira estava acautelada. Teve uma proposta imediata a que respondeu negativamente. Não estava preparada para voltar ao mundo empresarial. Foi então que começou a pensar em alternativas, como a consultoria ou as palestras motivacionais. Sempre pensou que esse poderia ser um caminho, embora esperasse mais pelo pós-50 anos para o seguir. Mas as circunstâncias e o conhecimento que foi acumulando permitiram-lhe entrar por aí de imediato. Na altura em que conversámos já tinha feito três palestras motivacionais em ambiente de empresa. Com sucesso. Revitalizou a sua *network* e tem sido procurada para projetos de *interim management*. Durante quatro meses, e nesse enquadramento, esteve envolvida no primeiro projeto. «Deu-me um gozo imenso». O seu caminho está, aos poucos e de forma cautelosa, a tomar forma e refere que, hoje, se sente mais autêntica e também mais refletida. Sente-se com outro ritmo, o qual lhe permite, longe do frenesim de uma multinacional, «parar para pensar», dando como contributo o seu conhecimento. Aos 45 anos, Celeste Brito está de bem com a vida.

Começou a procurar projetos de interinidade ou foi procurada?

Têm aparecido muito pela minha *network*, que é alargada e fui criando ao longo dos anos. Nunca me desliguei totalmente das pessoas com quem trabalhei desde sempre. Desde a Ford Eletrónica que acompanho pessoas e me dou com elas. Falamos uma ou duas vezes por ano e acaba por haver proximidade. Comecei a falar com todas essas pessoas, é o meu *networking* puro. É daí que têm surgido os contactos e tem resultado muito bem.

A exclusividade e o vínculo são algo que não quer?

Por enquanto não estou a pensar nisso, não quero, ainda não estou preparada para isso.

E para isso criou a sua empresa?

Para não perder o apoio do subsídio de emprego, fiz um projeto de consultoria e submeti a aprovação para receber a totalidade. Esse projeto foi avaliado, foi aprovado e recebi isso também para me lançar. Tenho mais essa plataforma, que também é interessante. Isto para mim teve uma vantagem clara, porque nunca tinha sido profissional liberal, nunca tinha assinado recibos verdes, nunca. Como estou a iniciar, tenho uma série de isenções, estou a aproveitar essas situações concretas.

Esses apoios do Instituto do Emprego, de atribuir o subsídio na totalidade, normalmente são para empresas que se criam.

Pode não ser. A faturação previsível que apresentei para este projeto, no primeiro ano, não é aquilo que pode ser considerado como mínimos para se ter uma contabilidade organizada, e por isso não sou obrigada a criar a empresa.

Qual é a diferença entre receber o subsídio de emprego todos os meses, como se fosse um salário ou receber essa quantia na totalidade?

Tem a ver com sentir que já não se está dependente de uma coisa. É não estar sentadinha à espera, respondo por um projeto que submeti e que me aprovaram, e tenho autonomia para o gerir e de dizer que vale a pena responder por isso. Não era capaz de estar em casa à espera do subsídio de desemprego todos os meses, a ver se me tocava o telefone para me perguntarem se queria ir trabalhar para qualquer coisa, isso não era capaz de fazer. A diferença é essa, ter autonomia e responder por aquilo que me comprometo a fazer.

Ser responsável.
Exatamente, é prestar contas por isso.

Considera que isso foi um dos apoios que teve?
Claro que sim, dá uma certa estabilidade.

E que outros apoios teve? Nota-se aí uma grande energia interior, mas teve apoios exteriores para além deste?
O único apoio que tenho tido desde o início é do meu *networking*. Conhecia gente, todas as pessoas com quem ia falando, antes até de submeter o projeto, me deram muita força, deram-me aquele voto de confiança, «acredita nas tuas competências». Ouvir, quando nos desvinculamos, que sabemos que somos bons, precisamos disso, e ouvi-o até de pessoas que já nem me lembrava que existiam. Retomei relações, pessoas com quem trocava um *e-mail* de boas festas ou de parabéns, «havemos de nos encontrar para almoçar», «havemos de». O «havemos de» tornou-se um facto, fruto de ter mais disponibilidade, porque digo às pessoas que vou ter com elas. E depois foi a descoberta, das pessoas dizerem, «*go*, avança», isso para mim foi outro apoio.

E familiarmente?
Tenho o apoio tácito. Sempre fui muito autónoma em termos das relações familiares, todos lá em casa me veem como a pessoa que resolve as coisas «não é problema para ela, se está assim é porque está bem». Há um apoio tácito, ninguém cobra. Só houve um, o meu filho mais novo, foi impressionante. Comuniquei aos meus filhos toda esta situação – um dos meus filhos tem agora 20, o outro tem 11, tinham menos um ano –, expliquei-lhes o que é que se estava a passar. Senti que o mais pequeno ficou muito confundido e perguntava-me todos os dias «o que é que vais

fazer hoje, vais trabalhar para onde?», até que houve uma altura em que lhe disse, «não te preocupes, vou começar a trabalhar em casa, vou arranjar um escritório». Ele só acalmou, só fez o clique de que realmente eu estava a trabalhar, quando finalmente organizei o meu espaço de trabalho em casa; precisava de ver que aquele era o meu sítio de trabalho. E aí acalmou, foi o único a quem deve ter feito mais confusão. Mas também é o único que agora está a usufruir ao máximo. Nunca ia buscar o meu filho à escola, nunca o ia levar, ia na carrinha, agora vou levá--lo à escola a pé, e num instantinho vamos ali comprar cromos. Claro que há dias que não faço isso porque tenho compromissos, mas começa a existir uma rotina.

Existe essa possibilidade.
E isso também está a saber muito bem.

Mas houve um período, como disse, em que fez o luto racional e emocional, as tais 48 horas. Quando é que começou mesmo a trabalhar?
Em setembro foi quando o projeto foi aprovado, foi quando tive o *go* do Centro de Emprego, e depois da Segurança Social para a atribuição do respetivo subsídio, e em setembro, outubro, as coisas começaram a tomar forma.

Até lá como é que foi?
Foi fazer férias, era verão, estive em Sagres imensas semanas [risos], soube tão bem. Foi um processo, e acho que também me fez bem.

E houve alguma altura nesses quatro meses em que tivesse tido alguma quebra?
Sim, tive quebras, mas as minhas quebras são muito rápidas, tenho uma força interior muito grande, às vezes

MUDAR DE VIDA

bato no fundo, mas vou buscar forças não sei onde e sozinha levanto-me. Houve ali uma fase em outubro, novembro e dezembro em que nada acontecia, mas como me estava a preparar, fazia umas leituras, fazia preparações, tinha conversas com pessoas que me ajudavam a estruturar melhor o meu posicionamento, havia algum trabalho de casa a fazer. Quando comecei efetivamente a trabalhar foi em dezembro. Há aqui a situação particular de uma empresa com a qual já estava pronta para iniciar um projeto que adorava fazer, e acho que vamos conseguir, mas está um pouco demorado. Estávamos mesmo a começar quando me pediram para pôr o projeto em *stand by*. E aí disse, «e agora?», mas depois peguei no telefone, fiz dois ou três telefonemas e surgiu-me logo outra situação. Tenho estado ocupada, tenho tido momentos menos entusiasmantes, mas eu própria tenho conseguido geri-los muito bem. Mas vamos ver, isto é tudo muito novo para mim.

Que recomendações faria a alguém que se encontrasse na mesma situação, que tivesse uma notícia num *timing* inesperado?

Primeiro queria dizer uma coisa, antes desse momento, gostaria de dizer às pessoas todas que devem guardar um espacinho de reflexão para preverem uma situação destas, pensarem que isto é possível, que há sempre uma possibilidade de acontecer. Nada é garantido atualmente e as pessoas têm de se preparar, de pensar «se me acontecer como é que vou fazer?». Têm de começar a preparar-se. Quando ocorrer mesmo, façam o vosso luto. Faz-nos bem fazer o nosso luto, gostei muito de fazer o meu, achei divertido, ao longe vejo que me fez bem, foi um luto sentido. Tive duas ou três situações naquelas 48 horas que nunca pensei ter, chorei convulsivamente, mas fez-me bem. Posso dizer que para cada uma das pessoas com quem tinha trabalhado na empresa escrevi uma nota num caderno, uns com «gosto», outros com «raiva» [risos]. Fez-me bem.

Foi uma catarse?

Exatamente. Façam o vosso luto, deem-lhe espaço e não o escondam, não há problema, é normal. E depois desenhem um caminho, não procurem logo um caminho perfeito, desenhem um ou dois caminhos, e comecem a fazê-los, e estejam recetivos a algumas surpresas, boas ou más. E partilhem com as pessoas, não se fechem, falem acerca disso, é terapêutico, digam a toda a gente. Até ao senhor da praça disse o que me aconteceu. O senhor Zé – é assim que ele se chama – ficou admirado de me ver lá durante a semana (só ia aos sábados) e perguntou-me se estava de férias, e disse-lhe «vim para a rua, não há drama senhor Zé, a vantagem é só sua, agora começo a vir cá todos os dias vê-lo, o que é que acha?». Faz-nos bem falar com toda a gente.

«Cada vez que consigo alguma vitória,
faço uma interrupção e digo:
hoje dou-me duas horas
para poder fazer o que me apetece.»

FRANCISCO NORONHA

Diretor-geral da Bizaffairs

Francisco Noronha licenciou-se em Farmácia mas nunca trabalhou no balcão a aviar receitas, nem era esse o seu objetivo. Em vez disso, desde cedo começou a trabalhar na indústria, com passagens por Barcelona e várias experiências em Portugal. Quando se olha para ele, a primeira coisa que se pensa é que o Francisco parece viver sob controlo total. A surpresa pode apanhá-lo, mas a recuperação é rápida.

Aos 48 anos, Francisco Noronha foi um dos alvos de um processo de *downsizing* de uma multinacional farmacêutica onde durante os últimos anos ocupou uma posição de direção com assento no *board*. Foi convocado na véspera para uma reunião fora da empresa – facto invulgar – para lhe ser comunicado que a reestruturação em curso obrigava a um despedimento coletivo. Não estava à espera e mesmo revendo o passado «não consegui perceber como não era indispensável». Ninguém o ajudou a perceber porquê e sentiu uma enorme revolta e frustração. Mas isso foi apenas a reação imediata. Depois do ritmo desenfreado dos últimos anos, depressa passou a uma fase de uma «certa euforia». Continuou a ir todos os dias à empresa, apesar de imediatamente libertado, «pois entendia que havia

MUDAR DE VIDA

coisas que tinham de ser terminadas» e recuperou o tempo para se organizar e para «viver a vida». A forma como saiu, com alguma despreocupação material, permitiu-lhe parar para pensar. Teve direito a usufruir do subsídio de desemprego, mas para além de o valor representar um terço do seu antigo salário líquido, a imagem de «estar sentado à espera do que pode acontecer» não o atraía.

Ainda esteve envolvido em alguns projetos de novo emprego que por uma razão ou outra não se concretizaram. E «ainda bem» afirma convicto, depois de ter tomado a decisão de não voltar a integrar o quadro de multinacionais e de ter criado o seu próprio negócio na área de *regulatory affairs*, a sua especialidade. Hoje em dia, tem como clientes algumas multinacionais e, ao fim de dois anos, atingiu os 30 clientes. Para o terceiro ano espera um volume de negócios superior ao rendimento que tinha como assalariado. Com muito trabalho, foco e determinação, mas muito mais *cool*. A partir de casa, com os três filhos por perto. E as motos de coleção, que são o seu *hobby*.

Sei que optou por não usufruir do subsídio de desemprego mensalmente, mas que apelou à verba total para iniciar o seu negócio.

Sim. Eu não queria estar outra vez numa situação semelhante à de empregado de multinacionais, em que se está sujeito a coisas que não se controlam. Não queria ver-me outra vez na mesma situação. Posteriormente tive a possibilidade de entrar num projeto específico de uma empresa multinacional farmacêutica. Interrompi o subsídio de desemprego e comecei a trabalhar num «regime de recibos verdes». Foi nessa altura que pensei, «por que razão não vou avançar mesmo com a criação da empresa?». Isso aconteceu mais ou menos em janeiro de 2008, e criei a empresa em maio desse ano. Aí já tinha um cliente.

Que não era aquele para quem tinha estado a trabalhar a recibos verdes?

Não, era um cliente novo, e que tinha contactado comigo. Tinha um projeto que ia ser demorado, não a tempo inteiro, como é óbvio, mas fez-me pensar que estava no caminho certo.

Acha que os recibos verdes foram o motor que o levou a pensar que se podia fazer aquele trabalho assim, que podia criar a sua empresa?

Claro. O meu perfil tem muito a ver com inovação e com criar projetos de raiz, que aliás foi sempre o que fiz durante a minha vida profissional. Portanto, comecei com a empresa em maio de 2008.

A Bizaffairs. É o nome ou a marca?

É o nome. Tive diferentes ideias e todos os nomes em que tinha pensado já existiam. Tinha pensado em Farmaffairs, Bizfarma, Farmabiz, sempre ligado a»farma». E depois pensei que a minha empresa não tinha que trabalhar exclusivamente na área farmacêutica, no sentido de colocar «farma» no nome.

Podia ser restritivo.

Sim, e daí, o Bizaffairs, «Biz» de negócios, o «affairs» porque a empresa está pensada para atuar numa área que se designa por «regulatory affairs», que significa «assuntos regulamentares de negócios». A ideia era essa, que não é necessariamente só aquilo que faço, mas no princípio começou por ser por aí. Além disso, tem uma assinatura, que é «Negócios de boa saúde», e que tem várias interpretações. Uma das vertentes em que trabalho é justamente a saúde, é uma assessoria do ponto de vista legal, sobre as obrigações que as empresas têm. Está integrado nos

MUDAR DE VIDA

negócios de boa saúde, porque as empresas estão como deve ser, não têm falhas legais, não têm situações delicadas. Existe também uma componente comercial, e isso faz com que entre também na definição de negócios de boa saúde. Acima de tudo, o objetivo tem muito a ver com a ideia de dar assessoria às empresas de forma a efetivar a venda de produtos. É algo com que as empresas não se preocupam muito. Preocupam-se com a venda, mas não com as situações de não venda. A grande maioria das empresas não são certificadas, e quando acontece uma não venda, as empresas só se dão conta na altura em que isso acontece. E depois questionam-se «porque é que nós não vendemos?». Não venderam porque, por exemplo, lhes faltou um documento, e a ideia da Bizaffairs é precisamente prevenir essas situações, evitar que as empresas não possam vender produtos por razões que não têm a ver com os produtos.

Quantos clientes tem?
São cerca de trinta.

Trinta clientes em dois anos.
É, estou a contabilizar aqui as empresas que participam em ações de formação que costumamos fazer, mas para todos os efeitos são clientes. São empresas que percebem a mais-valia de poder trabalhar com alguém que domina perfeitamente todos estes meandros legais e que lhes pode dar assessoria.

E quais são as maiores dificuldades que tem encontrado?
A maior dificuldade de todas, curiosamente, tem a ver com o dar a conhecer a empresa.

Com o *marketing*?

Não lhe chamaria propriamente *marketing*. Dentro do setor há muita gente que me conhece, essa é uma parte mais facilitada. Mas mesmo assim... como é que nós, empresa, nos damos a conhecer a quem necessita de nós? O que é que acabei por fazer? Inicialmente pesquisei muitas áreas de negócio que poderiam interessar-me, e comecei logo a preocupar-me com a constituição da base de dados, e essa constituição foi muito simples, porque é uma coisa que dá muito trabalho, mas não é muito difícil, fui às Páginas Amarelas...

Ao princípio não fiz nenhum *mailing*, mas contratei uma agência de design para construir um site, e achei que esse era um bom meio de divulgação. Também pensei em serviços que são simpáticos para as empresas e que acabam por não constituir nenhum encargo por aí além para nós, como seja, enviar para as empresas, de forma proativa, informação acerca da legislação do setor, decretos-lei, portarias, deliberações, etc., ao mesmo tempo que remeto para o site da Bizaffairs. É uma forma de divulgar aquilo que fazemos e que temos para oferecer. Por outro lado, tenho sido convidado a participar em palestras sempre na qualidade de diretor-geral da Bizzaffairs.

Isso dá-lhe visibilidade.

Dá visibilidade. Assim como organizar ações de formação, também dá muita visibilidade. Aliás, isso foi a estratégia para 2010, o segundo ano de atividade da empresa: uma previsão, cumprida, de quatro ações de formação. Porque tem consciência de que as empresas estão deficitárias, uma das missões da Bizaffairs é transmitir-lhes *know-how*, quer através de formação, quer de consultoria direta. A ideia é fazer uma por trimestre. Dessas formações resulta quase sempre angariação de negócio.

A automotivação também se esgota, onde é que vai buscar apoios?

Todos os anos elaboro um *budget*, o que não significa fazer apenas uma conta de exploração, mas fazer um exercício: «essa faturação que espero alcançar, de que maneira é que a vou conseguir fazer?». Temos de delinear projetos a curto e médio prazo. O facto de no dia a dia haver meses que não são tão bons não me pode desanimar. Agarro-me àquilo que são os projetos com sucesso e percebo que as coisas têm a possibilidade de correr bem. A análise tem que ser feita a mais largo prazo. Se hoje não consegui, olho para trás e penso: «Na fase atual, tenho 30 clientes que consegui neste período, e vou conseguir mais». É um pouco nessa perspetiva *step by step*, não posso pensar que criei a empresa e que de hoje para amanhã estou a faturar milhares de euros.

Isso continua a ser a automotivação, não há nenhuma influência externa nesse processo. Tem algumas influências externas, que procurou ou tem naturalmente?

Não, há sempre uma preocupação na procura de *new business*. E acho que é importante a pessoa celebrar, às vezes sozinho, cada ganho.

Como é que celebra sozinho?

Fico contente [risos].

Mas celebrar exige algum ritual.

Cada vez que consigo alguma vitória, e numa fase em que tiver muita coisa em que trabalhar, pode ser, por exemplo, efetuar uma interrupção e dizer: «hoje dou-me duas horas para poder fazer o que me apetece»; ou oferecer-me qualquer coisa que a empresa paga. É importante poder celebrar e poder ficar agradecido pelo facto de ter conseguido alguma coisa.

Diria que a celebração de vitórias funciona como apoio ou como estímulo?

Claro, tem que ser. Às vezes as pessoas têm uma ideia deturpada. Criam empresas à espera de que vá ser fácil, à espera de enriquecer, e depois perdem de vista o que é o seu *core business*, as suas mais-valias. Tem que ser ao contrário. Se fores bom, mais tarde ou mais cedo és recompensado por isso, mas, de início, não podes pensar que tens de ser recompensado porque sabes que és bom. Não, tens de demonstrar e criar a tua massa crítica em termos de empresa para que depois isso possa acontecer naturalmente.

Como diria que está a correr o projeto? Se não houvesse mais nenhuma pergunta e a última fosse como é que lhe está a correr o projeto?

Diria que está a correr bem. E há um aspeto importante: dizem que há pessoas que têm muita sorte, mas alguém dizia que trabalhava muito para a conseguir.

Quanto mais treino, mais sorte tenho...

É um bocado isso. O ano passado, quando comecei a fazer projeções, pensei nos fatores que iam estar em cima da mesa, quais seriam os *critical issues* da empresa, para onde é que ia caminhar, e uma coisa em que pensei foi: «seria bom que isto acontecesse, penso que vai acontecer», ou seja, foi verificar que provavelmente teria de aumentar a estrutura, devido ao volume de trabalho. Parte da estratégia que tenho a seguir é justamente essa, encontrar clientes que não tenham apenas projetos pontuais que são para o Francisco Noronha, o que é muito bom, mas clientes que tenham projetos de continuidade, em que não é o Francisco Noronha, mas a Bizzaffairs, que os faz. E isto não é assim tão fácil de acontecer.

Passar do Francisco Noronha para a Bizzaffairs no fundo é criar uma marca.

Não é só criar uma marca. Do ponto de vista dos clientes a relação é com a Bizzaffairs, mas para todos os efeitos, como a Bizzaffairs é só o Francisco Noronha, é ele quem lhes faz tudo. Ora, a ideia é os clientes começarem a habituar-se a que a empresa é capaz, não só através do Francisco Noronha, mas através de outra ou outras pessoas, de prestar esse mesmo serviço. Esse passo é aquele em que estou agora a trabalhar, a ver como é que isso vai acontecer.

Quanto é que prevê faturar este ano?

60 a 70 mil euros é o objetivo. Acho que conseguirei ultrapassar toda a questão do despedimento quando cumprir o primeiro objetivo, que é faturar o mesmo que ganhava; o segundo objetivo é faturar mais do que ganhava. E isso também é um estímulo para me automotivar. Depois há outros objetivos, como a empresa poder ser formadora, no sentido de formar profissionais. Acho que deve ser responsabilidade dos empresários – eu sou um empresário – contratar pessoas e formá-las enquanto profissionais.

Ser escola, ser referência.

Sim, mas só se começa a ser escola quando esses profissionais saem de debaixo da nossa asa, vão para outros sítios e são vistos como bons profissionais. Um dos outros objetivos é tentar fazer com que as pessoas se sintam como profissionais reconhecidos e que possam crescer profissionalmente dentro da empresa. Mas não estamos ainda nessa fase.

O que pode dizer a pessoas que iniciem agora um processo semelhante, pessoas que são despedidas ou que tiveram a iniciativa de sair?

Para as que são despedidas o mais importante é fazerem o luto, que significa darem-se um período para ficarem chateadas, para fazerem uma análise, porque é que a coisa aconteceu, e não procurarem logo emprego. Claro que isto é muito relativo. Esse é um dos aspetos. O outro aspeto é que nem todas as pessoas que são despedidas têm *background* e bagagem para criar um negócio, e não só em termos de vocação profissional, porque há pessoas que não têm disciplina. Normalmente, as pessoas que tendem a criar o seu emprego, acham que tiveram uma ideia brilhante, mas das ideias que temos quase sempre já houve alguém que as teve, ou seja, a probabilidade de insucesso de uma ideia é muito grande, é preciso estar muito bem informado, não se pode deixar de fazer alguma pesquisa de mercado para tentar perceber como é que a coisa funciona. Ao nível mais sénior, as pessoas que saem de uma situação de empregados por conta de outrem para empregados por conta própria não deveriam sair da sua área. Abrir um restaurante só porque se cozinha bem...

Uma coisa é cozinhar para os amigos, outra é cozinhar para clientes.

Dou o exemplo do restaurante porque conheço imensa gente que gostava de ter um restaurante... Vale a pena a pessoa continuar no seu *métier*, no seu meio de trabalho, e tentar encontrar, dentro daquilo em que normalmente trabalhava, onde é que estão as necessidades, porque há sempre necessidades nas empresas. Isso é fundamental.

*«Fiz para mim próprio um balanço,
sobretudo do que queria
e do que não queria...»*

JOÃO COTRIM DE FIGUEIREDO

Diretor-geral da TVI

De presidente da comissão executiva da Compal e, em simultâneo, Administrador da Nutrinveste, a diretor-geral da TVI, João Cotrim de Figueiredo passou por vários projetos de maior ou menor dimensão, mas onde é visível um eixo comum: a identificação e a entrega a cada um deles como se fosse sempre o mais importante. Há uma urgência em ser útil, em provocar mudança. Sem exposição. Do *Lisbon MBA* (uma parceria entre as Universidades Católica e Nova com a Sloan School of Management), ao apoio dado ao processo de internacionalização da Area (sim, essa mesmo, a rede de lojas de decoração), passando por projetos de consultoria na área financeira e até à última aventura, antes da entrada na TVI, quando foi presidente da comissão executiva da Privado Holding, João Cotrim de Figueiredo quis sempre dar o seu melhor, mesmo que sem remuneração em alguns casos. Acredita que é preciso estar alinhado com a estratégia da organização, «gostar de estar na posição que se ocupa» e «respeitar-se a si próprio». Estes parecem ser os valores que estiveram sempre presentes na hora de tomar decisões de saída. Nunca fez cálculos, saiu sempre sem alternativas. É verdade que se trata de alguém que construiu cuidadosamente

MUDAR DE VIDA

a sua vida financeira e que apostou sempre numa *network* que inclui, entre outros, alguns *head hunters*. Mas o facto de não ter uma alternativa imediata nunca se constituiu como impedimento para sair. Passou por processos «traumáticos», como o da venda da Compal, à qual esteve ligado durante cerca de dez anos – a sua saída deveu-se precisamente a não ter obtido as condições que exigia. A partir de dada altura, as expectativas iam sendo frustradas e manter a coesão na equipa era cada vez mais difícil. A Privado Holding (BPP) não era de todo o tipo de projeto onde se visse envolvido, mas o convite do amigo Diogo Vaz Guedes, por um lado, e, por outro, a possibilidade de «pegar num setor financeiro esclerosado» constituíram o desafio. Mesmo que fosse um desafio «com uma imagem pública péssima». Não se deixou abalar pela imprensa. Ficou abalado, sim, quando percebeu que havia outros interesses e falta de coragem. Deixou de acreditar no projeto e foi nessa altura que tomou a decisão de sair. Para as decisões mais importantes é necessário ter-se poder e sentiu que não o tinha. Mas considera que foi uma grande aprendizagem num pequeno mas intenso período. Hoje, reconhece que subestimou a vontade dos acionistas e deixa o alerta: «É importante saber para quem se está a trabalhar». Pelo caminho passou ainda por um processo de *coaching* e aprendeu muito sobre o seu próprio funcionamento. É claro para si que o equilíbrio entre razão e emoção torna as decisões mais consistentes. É neste estado de espírito, aparentemente zen, que surge o desafio TVI. E foi nas primeiras semanas após assumir o cargo de diretor-geral da estação televisiva, aos 48 anos, que, numa conversa «em direto», me confessou que se sentiu atraído por «ver o que está por trás do brilho da televisão».

A última função de maior permanência como executivo foi na Compal, onde era presidente da comissão executiva. O que é que determinou essa saída?

Foi na sequência da venda da Compal e da estratégia escolhida a partir daí.

Quando é que surgiu o momento da rutura?

Foi um processo, não houve um momento. As condições que tinha estabelecido com os acionistas não estavam a ser asseguradas.

O momento da saída foi penoso, doloroso?

É daquelas situações em que a pessoa sabe que está a deixar de privilegiar os seus interesses pessoais, está a fazê-lo a bem das outras pessoas e não está a conseguir... A certa altura, o voluntarismo já não é suficiente. De qualquer das formas, sabendo que estava a fazer a coisa certa, sabendo inclusivamente das condições que tinha pedido e que não estava a obter, mais me doía. Um processo de venda é sempre mais ou menos traumático e uma das coisas que usei para dar coesão à equipa foi ir explicando o que é que estava a negociar, mas ao longo dos meses dei conta de que não estava a conseguir, face às expectativas que eu próprio tinha criado. Mas tinha-as criado para mim também, não estava a enganar ninguém. Foi doloroso também por isso.

Saiu tendo alguma alternativa ou foi mesmo um salto para uma situação de espera?

Foi um cálculo que nunca fiz. Nunca seria motivo para não mudar, não sair, o problema não estava na qualidade das alternativas. Deixava era de ser coerente.

E enquanto esteve, nunca pensou numa alternativa, nunca pensou, «se não estiver aqui, o que é que vou fazer?»

Em abstrato, não procurei. Até lhe posso dizer – estes períodos de saída, pela lei, têm um mês basicamente, em que a pessoa já anunciou e não saiu –, nem durante esse mês me senti à vontade para falar com pessoas concretamente sobre o tema. Não foi de todo um cálculo. Gosto

MUDAR DE VIDA

de recordar que isso foi uma coisa que fiz com convicção. Se alguém me conhecesse, com o mesmo género de matriz, ou me perguntasse o que fazer, eu diria que é ver bem o que o faz mexer e o que é absolutamente importante naqueles momentos da vida em que se sentem particularmente felizes ou infelizes. É isso que devem procurar, ou evitar, conforme os casos. Sempre achei, mas isso é uma daquelas coisas que a pessoa autoproclama e só nessas alturas é que testa, sempre achei que era absolutamente crucial conseguir as condições que pedi. E naquele momento foi de facto assim. Foi um momento longo, preparei-me, medi as várias consequências que teria, na organização, nas pessoas, mas o facto de, em consciência, não poder continuar sem aquelas condições...

Também mediu as consequências para a sua vida pessoal, também as ponderou?
Pensei, mas nunca quantifiquei se iria ter mais ou menos tempo, mais ou menos dinheiro. Aliás, logo a seguir, quando comecei um processo mais...

Passado quanto tempo?
Foi imediato.

Fez alguma espécie de luto?
Não, de todo. Não pensei nisso. Fiz para mim próprio um balanço, sobretudo do que queria e do que não queria, e com quem é que iria ou não falar. Mas com a consciência de que era sempre um *work in progress*. Sabia que não tinha feito essa reflexão. Uma pessoa faz aqueles momentos de balanço, mas às vezes não faz com a profundidade de que precisa. No entanto, achei que aquela paragem me ia ensinar alguma coisa sobre mim próprio. Não é que tenha mudado radicalmente, mas é curioso

que faltava alguma coisa que se revelou absolutamente crucial, na altura, e durante as paragens isso esteve mais presente: «há uma data de coisas que agora posso fazer e que não podia».

Como por exemplo?
Aquelas coisas mais básicas, pessoais.

Arrumar papéis?
Sim, essa parte, não sendo muito agradável, também. Mas sobretudo viajar um bocadinho mais de uma determinada maneira, voltar à fotografia, que é algo de que gosto muito, mas com cursos, e meter-me nas coisas, voltar a estudar. Acabei por não fazer nada de muito formal, embora tenha estado perto uma ou duas vezes. Mas tinha planos de leitura que me interessavam, desde temas muito ligados à profissão a outros completamente desligados; coisas que me apetecia fazer e que consumiam tempo e achei que devia fazer.

E fez?
Fiz. Claro que hoje, no momento em que volto a ter mais pressão de tempo, lamento não ter feito mais. Também fazia parte do que gostava de fazer não ter demasiados planos. É agradável a pessoa vogar um bocadinho; acaba por nos levar a outros sítios. Sempre achei importante a componente de paixão e o interesse muito direto e pessoal no trabalho, no negócio ou nas pessoas, tudo o que me faça vibrar. E quando extrapolava isto para o concreto, o que é que isto quer dizer, quais são as imagens típicas – nacional e internacional, indústria e serviços, grande, pequeno –, achava que, muito mais do que qualquer uma destas dicotomias tradicionais, era a natureza do projeto que me interessava. Às vezes há pro-

jetos pequenos que têm uma enorme energia, e às vezes há grandes organizações que, em pequenos núcleos, também conseguem ter essa mesma energia. Não ia por aí. Sempre disse que me seria indiferente a dimensão das coisas... ao longo do tempo fui contactando pessoas...

A sua *network*, *head hunters*?

Foi tudo, mas os *head hunters* são uma *network* que produz muitos efeitos. Não fiz muita distinção entre as conversas que tive com eles, a lógica nunca foi perguntar o que é que eles tinham, mas mais conversar sobre a minha disponibilidade. Mas à medida que as coisas iam ocorrendo foram aparecendo muitas oportunidades...

É bom poder-se escolher, ter escolha.

E não ter pressa, ter a noção de que estes processos mudam sempre as pessoas, se não mudam, dão oportunidades para que as pessoas tirem conclusões diferentes.

O que é que mudou em si com todo esse processo, consegue pensar em alguma dimensão que tenha mudado?

Não sei se foi com o processo. No processo a pessoa conhece-se melhor porque tem que se confrontar com alternativas mais vezes, existem determinados padrões, aquilo provavelmente já era assim, acho que é mais uma oportunidade de poder exercitar alguns aspetos, não sei se mudei muito. Não sei se é do processo ou do próprio tempo, se calhar a idade também dá uma certa calma, é muito difícil as situações serem verdadeiramente dramáticas. Enfim, os casos que existem são aqueles em que não há condições materiais básicas. Não há de facto drama e as pessoas... aquelas que vejo sofrer mais com estas situações são as que tendem a valorizar muito a sua parte externa.

Também é verdade que estar desempregado pode alterar-nos a identidade.

Há pessoas que nos veem como uma função: «então, o que é que andas a fazer?». Se a resposta não é curta, há quem desvalorize e há quem sinta que isso é uma diminuição. Nunca me preocupei demasiado com isso nem lhe dei demasiado dramatismo.

Esta fase durou quanto tempo?

Esta da busca mais ativa? Nunca deixei. Uma das preocupações que tive foi manter sempre um ritmo regular de contactos e conversas. Nas situações em que me ia metendo gerava sempre réplica.

E a experiência do BPP?

Passei por várias experiências interessantes antes dessa. Já deixei implícito, e vale a pena dizer explicitamente, que o dinheiro nunca foi grande preocupação. Sou da escola de que, se estamos a fazer o que gostamos e se o fazemos bem, o dinheiro aparece. Fiz algumas coisas numa lógica que não era a do dinheiro.

O Banco Privado é uma história engraçada, porque não era nada que estivesse a pensar fazer, mas não demorei muito tempo a decidir. Além do facto de ser convidado pelo Diogo Vaz Guedes, de quem gosto muito e que é meu amigo, foi a possibilidade de montar um banco. Não há aqui nenhum sonho de ser banqueiro, mas pegar num setor financeiro que está esclerosado e fazer uma instituição completamente nova. Achei que era um desafio. É claro que é em cima de uns escombros, um molho de brócolos, com uma imagem pública péssima, mas a oportunidade estava lá.

Era presidente.
Era presidente da comissão executiva. Dependia da vontade de quem lá estava a trabalhar e da vontade dos acionistas. Eu subestimei a vontade dos acionistas e este talvez seja... não lhe vou chamar conselho para não me contradizer. É uma conclusão forte minha, tem que se ter poder nas decisões, pelo menos nas mais importantes. Foi o motivo pelo qual não funcionou, houve muita falta de coragem, e nalguns grupos de acionistas sei que não estavam de acordo sobre o problema. Não era fácil porque os acionistas eram simultaneamente administradores e investidores. Fui eleito numa assembleia-geral em maio, a partir do momento em que, na primeira assembleia-geral, percebi que havia uma vontade comum... Foi curto, mas foi muito intenso, aprendi imenso. Gostei do que fiz, fiz coisas que nunca tinha feito, até do ponto de vista organizativo. Não tínhamos um tostão. Nunca me desmotivei e trabalhava 14 horas por dia. Levava na cabeça e a imprensa dizia mal, mas achei que aquilo fazia parte do caminho. Essa parte não me surpreendeu. Não sabia que tinha de pagar a máquina do café ou o contrato da fotocopiadora, mas tudo aquilo achei que era missão. E o chamariz era fundar um banco, um banco saudável para ajudar pequenas e médias empresas a fazer negócios de maneira completamente diferente, a envolver gestores de fora para recuperar empresas, fazer quase uma espécie de cooperativa, de *joint effort*. Quando percebi por chapadas várias que havia outros interesses, deixei de acreditar no projeto. E a partir do momento em que não acreditava na coisa deixava de ser a pessoa certa e saí.

Mais uma vez, essa decisão foi tomada sem alternativa no exterior. Tem a ver com esse seu lado de consciência, de querer dormir descansado, faz parte de si.

Não visto essas camisolas, não ando a apregoar isso. Funciona assim: a pessoa tem que estar bem no que está a fazer; se não está, isso *per se* é uma conclusão; se ainda por cima tem uma alternativa fantástica, melhor. Mas nem sequer deve tornar isto mais fácil ou mais difícil, é aquela. Uma pessoa tem que respeitar, respeitando-se a si próprio, «estou bem é aqui». Pode não receber, podem chamar-lhe nomes na rua. A pessoa sente-se bem. Ao invés, sente-se mal. Podem achar que é o melhor emprego do mundo, podem pagar principescamente, mas uma pessoa não está bem, tira as conclusões. Respeitar isso, para mim, tem sido uma maneira de dormir bem em todos os sentidos da palavra. Respeitar-se a si próprio não é achar que qualquer das suas impressões tem o mesmo significado.

Às vezes tem que se ser um bocado impermeável a muita coisa.

O principal que aqui podemos ter, em geral, é conhecermo-nos a nós próprios. Se não tivermos noção de como funcionamos, corremos sempre o risco de estar a fazer a maior das asneiras, desde o princípio – afetivas, profissionais, todas. É impossível a pessoa ter a noção de como é que vai reagir se não se conhecer, se não tiver noção dos seus próprios ritmos de decisão. Tenho noção, o autoconhecimento, daquilo que já aprendi: que me irrito profundamente, mas às vezes até nem mostro. Já sei que há situações de disciplina – tenho quase uma tabela na minha cabeça. «Esta precisa de 48 horas até voltares a pensar nisso». É um bocadinho mais fácil com os processos de decisão, porque já passei por tantos que quando começam a aparecer os obstáculos o tamanho cumulativo das

MUDAR DE VIDA

paredes é tal... «isto não vai ser possível saltar». Esse processo é mais racional, é menos sujeito à irritação do dia, confio mais. Mesmo assim preciso de tempo para medir com justeza a altura das paredes, dos obstáculos. Também sei que as decisões não podem ser só baseadas naquilo que conseguimos pôr no papel. Tenho de dar algum tempo à parte emocional, ou entra ou sai emoção. Não sei, mas que aquilo não seja só um conjunto... nunca fui do género de juntar *plus* de um lado e *minus* do outro. *Plus* é maior, então faz-se. Não é quantitativo, de facto. E escrever ajuda muito a arrumar o pensamento, reforça o pensar, mas depois não sei bem o que isto quer dizer: sinto se está bem ou se está mal.

Follow your heart.

Mas não numa *wishy-washy sort of way*. Acho que tanto é possível fazer umas grandes asneiras sendo hiper-racional como sendo hiperemocional. É deixar tempo para as duas coisas, faz parte do mesmo edifício. É António Damásio puro, sem deixar a emoção não consigo pensar bem, racionalmente, e sem ser racional as minhas emoções vão ser um empecilho.

E aqui decorreu um ano.

O BPP foi o ano passado, em maio. Voltei à Area, onde também já tinha tido uma fase em que ia reduzir o tempo de lá estar, estava entregue de outra maneira, coincidiu, o que foi ótimo. Fiz alguns trabalhos de consultoria com bastante interesse e nunca estive parado, nunca tive problemas de dinheiro.

Nunca teve problemas de dinheiro porque tem fortuna pessoal?

Fui sempre cuidadoso na minha vida, fui construindo, nunca na ótica do pé-de-meia, mas na das opções. É uma área da minha vida que giro numa ótica diferente. Tem aquela função, que nesta fase me deu essa tranquilidade, não preciso de facto de trabalhar, no sentido material. Se me perguntar, «e tinha mudado muito se precisasse?». É possível, mas também não tenho extravagâncias, mudava de estilo de vida se tivesse de mudar e a minha família não é particularmente materialista.

O que é que o atraiu exatamente no projeto TVI?

Lá está uma coisa em que tive de parar. Senti o fascínio, mas de uma maneira muito superficial. Pensei: «deixa ver o que é que está por trás disto».

Sobretudo agora que a estação também está debaixo de holofotes com esta questão da compra, não compra.

O que me atraiu verdadeiramente foi isto ser difícil. É um negócio de pessoas.

Pessoas e audiências.

Gerir audiências aqui é gerir um tipo de aceitação, é assumidamente um negócio. Acho isso interessante, é um bom teste para a pessoa separar as opiniões pessoais daquilo que pode fazer sentido em termos de mercado.

Então, se bem percebo, em relação a apoios que tenha tido neste turbilhão de acontecimentos dos últimos anos, eles são apoios seus, internos, do seu *network*?

Vou-lhe fazer uma confissão, em direto. Acho que é um problema meu. Não é vergonha. Já pensei nisso um bocado. É um misto de coisas ainda mais estúpidas e ridículas. Quando estou a falar com alguém tenho de dar um ângulo qualquer em que o outro ganhe com o assunto.

MUDAR DE VIDA

Em termos de conclusão e como incitação para outras pessoas, perceber bem o que o faz mexer, respeitar-se a si próprio no sentido de estar confortável no sítio onde se está, do ponto de vista de cabeça, não estar na zona de conforto. Estas são duas incitações. Tem mais alguma?

O não ter pressa.

É curioso dizer isso, o não ter pressa, e não ter feito uma paragem a seguir à Compal, ter começado a mexer-se logo.

Mas não estava com pressa de resolver, acho que é deformação profissional. Mas um dia feito de levantar às dez e ir para o spa e jogar golfe atrofia uma parte qualquer do cérebro ou do espírito. Comecei a falar com pessoas, até para explicar os motivos da saída, para clarificar. O que fiz com alguma rapidez foi esse tipo de contactos.

*«Quem sabe nadar está a boiar,
quem não sabe nadar afoga-se.»*

JORGE CONDE

Consultor

Esteve sempre ligado ao setor do grande consumo e é um especialista na matéria. Não tem formação superior. No pós-25 de abril chegou a frequentar Engenharia, mas também já trabalhava em estudos de mercado. «Tudo na vida me aconteceu cedo», recorda. Aos 13 anos dava explicações de Matemática por um valor simbólico, mas se o estudante passasse no exame, cobrava mais algum dinheiro. Era já o conceito do *success fee*. Na empresa de estudos de mercado onde começou a trabalhar aos 17 anos, e que viria a ser comprada pela Nielsen, aos 19 era o braço direito do diretor-geral. Um ano depois casou-se e aos 22 foi pai. Posteriormente foi contratado pela multinacional Knorr, onde aos 27 anos ocupava a posição de diretor de negócio do *catering*, ao mesmo tempo que fazia parte do *board*. Ter conseguido fazer de um negócio pequeno um modelo aplicável noutros países foi o trampolim para chegar, aos 33 anos, a diretor-geral ibérico em Barcelona. Dois anos depois é sondado para assumir a vice-presidência da América Latina ou, em alternativa, ser o *country manager* em Marrocos. Nesta altura percebeu que poderia não voltar a Portugal. E não aceitou. Até porque conhecia a experiência de pessoas que «fizeram carreiras excelentes e no regresso foram considerados *overqualified*».

Regressou a Portugal e, a pedido do seu antigo gestor na empresa de estudos de mercado, aceitou um projeto «interessantíssimo, mas muito duro»: recuperar uma empresa portuguesa do ramo alimentar em falência técnica. Jorge Conde arregaçou as mangas, formou uma equipa, arrumou a casa, viabilizou a empresa e tornou-a credível aos olhos da banca e do mercado. A seguir inovou nos produtos. Os três ramos familiares, acionistas da empresa, entraram numa disputa pelo seu controlo. O desgaste começou a fazer-se sentir e Jorge Conde decidiu uma saída voluntária.

Quando conversou comigo confessou que dificilmente voltaria a trabalhar para mais alguém, mas também que «nunca teve o sonho de ter o seu próprio negócio». Jorge Conde é ambicioso, não só em relação à dimensão do desafio que um projeto possa representar, mas também em relação à sua qualidade. E tem de admirar as pessoas para quem esteja a trabalhar. Gosta de viabilizar negócios e empresas e, por isso, nada melhor que a consultoria como forma de vida, aos 49 anos. Com um *target* muito definido: PMEs do setor do Grande Consumo.

Foi diretor-geral de uma empresa nacional do setor alimentar durante quanto tempo?

Durante cerca de doze anos e meio.

E fez um trabalho de recuperação desta empresa.

Acabou por ser um projeto interessantíssimo. As coisas correram bem. Até quando? Formei uma equipa, novamente, demos a volta, viabilizámos a empresa. Uma empresa à beira do abismo passou a ter grande credibilidade no mercado, junto da banca, porque quando cheguei esta já não emprestava dinheiro. E 11 anos depois, começa a haver entre os familiares um processo de «guerra» pelo controlo da empresa.

A partir do momento em que a viram florescente?
Exato. Inicia-se um processo interno de guerra entre dois grupos. Quando chega ao ponto a que se chegou, eu estava com 47 anos, 12 anos de empresa, saí voluntariamente. Tinha um contrato «blindado» e reclamei uma cláusula no meu acordo. Estava toda a gente no quadro, eu era a única pessoa ao pé de quem os acionistas podiam chegar e dizer, «Jorge, vais sair». Pagavam aquilo que estava estipulado, evitava guerras e não havia discussões. Isto demorou um ano em que negociei um valor, para sair fiz um desconto. Eu sabia que nunca me iriam pôr fora com os valores envolvidos.

Mas quando diz que fez um desconto, foi em relação à blindagem?
Sim, vamos supor que a blindagem tem um índice 100, fiz contas, com impostos, e pedi 60, é um exemplo. O dono achou que era um bom negócio e acabou por ficar sozinho. E este é basicamente o historial. Nunca tive, contrariamente a muita gente, o sonho de trabalhar um dia no meu próprio negócio, não tive. Sempre vivi intensamente de uma forma muito agradável, com níveis de autonomia elevados, por conta de outrem, tendo noção de que isso um dia podia vir a acontecer. Não é «nunca digas nunca», é uma realidade.

E agora qual é o seu projeto?
Não dava para continuar naquele projeto, ponto final. Obviamente falei com um grupo de pessoas. Quase que não era preciso, estava num mercado muito restrito, e acabei por montar uma empresa de consultoria.

Consultoria. Pode ser mais específico?
Em termos de *core business*, consultoria de gestão.

Com algum *target* específico?
Basicamente grande consumo, PMEs. Não me vou queixar, não faz parte da minha maneira de ser. Saí da empresa em 2008. Sabemos como está o mercado do ponto de vista da consultoria: este ano, 2010, praticamente parou. E consigo entender: quem sabe nadar está a boiar, quem não sabe nadar afoga-se. Isso também me tem dado tempo para fazer coisas que não fiz – nunca tive tempo para nada –, para estar mais atento a potenciais investimentos.

E então, nesta sua atividade, o Jorge faz parte deste primeiro grupo de pessoas, «quem sabe nadar está a boiar»?
Sim, porque, basicamente, o que é que eu faço? Tenho algum trabalho de consultoria, tenho tempo para estar mais atento a negócios com potencial e para analisar potenciais investimentos. Já aconteceu, já fiz duas propostas para comprar duas empresas.

PMEs ou pequenas empresas?
Obviamente, mais pequenas empresas.

Há aqui o bichinho do que aconteceu nas outras empresas, digamos que é uma capitalização da sua experiência, de pôr a florescer empresas que estão...
Obviamente. Presunção e água benta, cada um toma a que quer. Creio que tenho características de liderança e capacidade de criar e manter equipas motivadas, e isso é uma das componentes de que gosto.

Mas o que é que está no seu horizonte? Investir nesta empresa, ou, se aparecer um projeto como assalariado, com características especiais, aceitá-lo?
Poderia aceitar. Posso perfeitamente assumir uma responsabilidade extra-assalariado, em nome da minha

empresa. Os acionistas têm um tempo. Podemos estar seis meses, um ano. Vou provar o meu *commitment*. Os acionistas têm sempre a possibilidade de, se ao fim de um mês o Jorge Conde não for o que parecia... Ao fim de um ano ou ano e meio, os acionistas estão contentíssimos com o Jorge... Até prefiro, a minha postura é o compromisso.

O que é que diria a pessoas... Vamos afunilar o meu *target* inicial: pela sua experiência, que palavras de incentivo é que teria para pessoas que estivessem numa situação muito semelhante à sua? Pessoas que, se deixarem a sua situação atual de assalariados, não vão ter fome nos próximos um ou dois anos e que, mesmo que não tenham uma alternativa, possam ter tempo para pensar, maturar? No fundo, mesmo sabendo que se está moribundo, ninguém está preparado para aceitar o momento. Depois, há todo um trabalho a fazer.

Sou um filósofo da treta.

Sendo prático.

Sendo prático, há duas coisas fundamentais... não só nisto, é uma questão de *problem solving*, a maioria das situações não são fáceis, são extraordinariamente difíceis. Uma questão é a serenidade. Quando as coisas correm mal, é difícil, se perdemos a serenidade, é como tudo na vida, é asneira atrás de asneira.

E a outra?

Saber o que se quer. Isto também é um bocado conversa da treta. Podemos não saber exatamente aquilo que queremos, mas saber aquilo que não queremos é fundamental.

*«É preciso deixar a disciplina
e dizer "agora não faço nada".»*

MARIA NEVES

Consultora

Até chegar à banca, onde trabalhou nos últimos anos como auditora, o seu percurso foi singular. Talvez o apelo de África, o ter África dentro de si, tenha sido determinante nas suas opções mais recentes.

Aos 18 anos, depois de ter terminado o magistério primário, era professora primária ao mesmo tempo que frequentava a licenciatura em Economia. Ainda alfabetizou adultos cabo-verdianos no Bairro da Venda Nova, antes de ingressar no Ministério da Educação para trabalhar no planeamento da rede escolar.

Passou pelo então Instituto das Comunicações de Portugal e por uma multinacional de auditoria. Fez uma incursão «muito simpática» no gabinete do secretário de estado da Segurança Social como *adviser* para os sistemas de informação e a seguir entra na banca como diretora de auditoria, tendo tido alguma ação direta sobre a rede africana do Banco. A transformação e modernização do setor, na altura, as fusões que aconteceram, fizeram com que se visse no maior banco privado português, onde ser mulher não era uma vantagem. Passou de uma instituição bancária histórica, no sistema financeiro português, para

MUDAR DE VIDA

um banco novo e que rapidamente se posicionou como o maior banco privado do mercado. No processo de fusão deixou de ser diretora e passou por várias etapas até que o seu trabalho fosse reconhecido.

O universo maioritariamente masculino do novo banco foi-lhe incómodo. Recorda as conversas típicas dos momentos de descontração. Desequilibradas, porque só de homens. O exibicionismo relativamente ao cumprimento de um horário de trabalho que ultrapassava sistematicamente as doze horas também lhe era desconfortável. O sentimento de desconforto agravava-se porque os seus interesses iam muito além do trabalho, era-lhe difícil «vivenciar alguns eventos culturais».

Tudo o que era extratrabalho implicava um esforço enorme da sua parte, como quando quis ir ouvir o Dalai Lama na Aula Magna e chegou depois da hora. A esse propósito, recorda que ficou sentada ao lado de um dos colegas do banco e do desconforto que ambos sentiram, como se «estivessem em fuga».

Maria Neves era claramente uma peça fora da engrenagem, ou uma inadaptada à cultura organizacional do seu empregador. Mesmo assim, considera que a «recruta» que fez no banco foi positiva. Deu-lhe «resistência». Hoje, aos 53 anos, Maria Neves sente-se bem a trabalhar para si e com os outros. Depois de ter frequentado um curso de Wendy Palmer, uma professora de *aikido*, cuja teoria explora conceitos que implicam a consciência e o alinhamento corporal, começou a trabalhar o «alinhamento entre a rota pessoal e a rota profissional». Mas reconhece que é necessário ter muita disciplina. E às vezes, não a ter. É desse equilíbrio que continua à procura. Conversámos no final de uma tarde verão, numa varanda sobre o mar.

Houve algum momento, em que dissesse, «é agora», ou a sua saída do banco foi muito estruturada, muito pensada?

Depois da fusão, vi que não era uma organização para mim, mas por questões pessoais que estava a atravessar, familiares e graves, não podia dar-me ao luxo de fazer uma incursão noutra organização. Achei que devia aguentar, e aguentei aquele estágio, tipo tropa. Foi a altura da minha vida em que trabalhei mais horas, e menos produtivamente, na verdade. Eu e os outros colegas fomos sujeitos a várias etapas de integração naquele banco. Deixei de ter secretária, que foi logo colocada noutro departamento, fui colocada numa sala em *open space* com todos os meus auditores, ao mesmo nível, etc. Há vários exemplos de uma certa recruta que só me fez bem. De certa forma, por mais incrível que pareça, «ginasticou-me».

Mas isso era pelo facto de ser mulher ou era assim com toda a gente?

Não, não é pelo facto de ser mulher, e não era só ali, existe em várias organizações, inclusivamente nos Estados Unidos. Cada vez que há um *merge*, a organização dominante que come a outra vai fazer a prova zulu da sua dominância, de acordo com os seus princípios e critérios. Por exemplo, nenhum sistema, por melhor que seja, da organização que se obtém entra na organização que a toma. Estamos a falar de sistemas informáticos, etc. Todas as redes hierárquicas são cortadas, portanto isto é uma espécie de recruta.

E fez-lhe bem em que sentido?

Fez-me bem porque me «ginasticou», deu-me resistência, fez-me ler a situação, fez-me reagir a ela. É de facto uma recruta militar, musculou-me. Mas depois, quando começámos com a rotina, quando já tinha passado esta prova com sucesso e comecei a ser reconhecida, vi que de facto não tinha desafios à minha frente. Tinha uma série de procedimentos e normas para cumprir e incomodava-me estar ali. O incómodo vinha do tal universo totalitário masculino, vinha pela falta de educação das pessoas. Mas isso não era por ser aquele banco, é a banca em geral, já no anterior estava a reagir um pouco contra isso.

Comecei a preparar-me para encontrar outro futuro profissional. Houve uma questão de que ainda não falei: foi-me recusada a continuação das aulas no ISEG. Era professora do mestrado de sistemas de informação e não me foi autorizada, pelo novo banco, a continuação nessa atividade. Quer dizer que deixei a minha parte letiva, que era a atividade profissional que durante toda essa carreira de consultora, etc., nunca tinha deixado. Sempre dei aulas a vários níveis de ensino, a partir de 1989 no ISEG, e tive de largar. E custou-me bastante. Consegui trocar isso por uma pós-graduação na Lusíada, que fui autorizada a fazer, uma coisa muito rápida, de seis meses, um ano. Mas depois comecei a ver que tinha que sair e comecei a preparar-me psicologicamente.

Essa preparação o que é que incluiu?

Primeiro, saber o que queria da vida profissional. Depois, saber do que não iria prescindir em termos de bem-estar económico. E com estes dois critérios procurar alguma coisa. Procurei muito nas organizações internacionais, evidentemente, mas estas levantavam a questão de ficar seis ou oito meses no terreno, e isso não podia. Teria de me despedir, e não queria, pois já tinha alguns anos de banco que não queria perder. Por outro lado, fiz algumas entrevistas no Ministério dos Negócios Estrangeiros e na cooperação portuguesa, porque queria mesmo um trabalho em Angola, em Moçambique ou na Guiné. E nunca tive sucesso. E agora que os anos passaram e que já trabalhei em várias organizações internacionais, percebi, conheci a cooperação portuguesa lá fora, e conheci as pessoas no Ministério dos Negócios Estrangeiros em África, e percebi que de facto não tenho nenhum perfil.

Não tenho perfil em termos de aparência que permita que as pessoas que recrutam tenham confiança em mim. Não tenho tiques da classe dominante portuguesa, que a este nível é dominante. Na realidade tenho duas culturas, sou angolana e portuguesa, e por mais absurdo que isso possa parecer, esta dualidade não ajuda. Há sempre o medo de que esteja do outro lado e sou sempre empregada por estrangeiros.

Mas antes disso, quando saiu, referiu que não queria perder os anos de banca. Saiu como?
Saí com um pequeno milagre. Houve um grande estudo transversal ao banco e às suas empresas com o objetivo de se reduzir os custos, e que foi feito numa ótica de processo. Tinha alguma experiência na otimização de processos e participei no estudo. A ideia era saber o valor acrescentado de cada processo, o custo de cada processo, as pessoas envolvidas e, eventualmente, criar algumas repetições processuais.

Eis senão quando há um processo de avaliação e de análise dos relatórios da rede exterior que eu estava a fazer, relatórios de auditoria, que também estavam a ser feitos na direção internacional. Sem saber, eu estava a participar num processo redundante da organização. Percebi que tinha ali uma «oportunidade» para ser dispensada.

Está reformada, é esse o seu estatuto?
Exatamente. Evidentemente que aquilo que me ofereceram não foi a reforma, ofereceram-me uma indemnização, mas consegui obter a reforma através de um processo negocial muito simpático, porque a pessoa com quem trabalhei neste processo, que me reformou, era uma pessoa extraordinária, extremamente humana, e que sabia as regras da negociação. E aceitei perder o poder

económico que tinha na altura e arriscar-me a vir cá para fora e trabalhar noutras coisas. E o primeiro emprego que tenho, imediatamente a seguir, um mês e meio depois de sair do banco, foi na Associação Americana dos Laboratórios de Saúde Pública, para fazer trabalho de gestão em Moçambique.

Mas como um projeto, não como assalariada.
Não, como projeto, ir a Moçambique.

Os trabalhos que tem feito de então para cá, são trabalhos como *freelancer*?
Sim, absolutamente. Como *freelancer*, mas trabalhando para organizações internacionais ou estrangeiras.

E era isso que queria?
Era isso que também queria. O que queria fundamentalmente, não era trabalhar em organizações estrangeiras ou internacionais, o que queria era trabalhar em África, e bem, com valor acrescentado reconhecido. Isso era o que queria. E depois também queria muito escrever, que é uma atividade que me tem acompanhado desde sempre. E tenho conseguido fazê-lo.

Escrever o quê?
Ficção.

Para publicar?
Talvez, não sei. Não tenho muito uma abordagem de mercado, e também tenho consciência de que tenho uma vivência geracional africana que já não é muito sentida pelas pessoas. Não faço crónicas nem romances desesperados sobre a vinda de África, nada disso, mas procuro contar, com alguma profundidade, como é que algumas

famílias africanas viveram Lisboa, a cidade, a grande metrópole nos anos 70. E também como é que o processo de luta pela libertação colonial foi vivido pela minha geração, no liceu e posteriormente. E como foi a relação com a geração mais velha. Toda essa problemática me interessa, o fim do império é o meu território, investigo e escrevo sobre isso.

Até agora ninguém gostou muito, já mandei para várias editoras e nunca tive nenhuma resposta, nem positiva, nem negativa. E continuo a escrever, não muito preocupada com a publicação, logo se vê.

E como se sente no meio disso tudo? O que ganhou?

Sinto-me muito bem. Mas reconheço que é preciso ter imensa disciplina, e às vezes também é preciso não ter disciplina. A gestão disto não é muito simples.

Quando é que é preciso ter, e quando é que é preciso não ter?

Quando abranda um pouco o trabalho de gestão ou de formação, e começo a dedicar-me mais à escrita, é preciso disciplina com aquele horário, sozinha. Quando estou a trabalhar direcionada aos projetos é preciso parar com a disciplina, porque, como não há um horário devidamente especificado, há a tendência de nunca se parar. Não se descansa, tenho muita essa tendência. É preciso deixar a disciplina e dizer «agora não faço nada».

Há bocado estava a falar de estar sozinha. Isso remete-me para uma pergunta: neste processo todo com que apoios é que contou?

Com apoios dos amigos e com o grande apoio do meu desejo, fundamentalmente. Mas muito dos amigos que me conheceram profissionalmente e em várias facetas da minha vida. E contei com o apoio da minha filha, em termos de estímulo. Há um aspeto muito estimulante de que ainda não falámos e que gostava de referir. Sentia-me tão presa naquela organização, estávamos num prédio de um certo tipo de arquiteto, que tinha as casas-de-banho pretas, onde a luz entrava muito pouco, onde o ar condicionado estava sempre a funcionar, e onde estava horas e horas à secretária. Quando me reformei e saí do banco, o meu primeiro impulso foi andar. Se quiser, todo o processo que se desenvolveu foi a partir de um ponto físico: comecei a mexer-me. A andar, a calcorrear Lisboa, a percorrer avenidas, a sentir o vento na cara. Eu, que não gosto nada de frio, naquela altura sentia-me livre. E isso é muito importante.

O que é que recomendaria a pessoas que se sentissem como se sentiu, independentemente de serem homens ou mulheres, independentemente de ser uma instituição financeira ou não? Que se sentissem mal no sítio onde estão, mas que não ousassem dar um passo, ou por não saberem como dá-lo, ou, mesmo sabendo, terem medo.

Acho que tem de haver uma leitura sobre a possibilidade ou a impossibilidade de melhorar o nosso estado naquele rumo profissional. Tentar avaliar se aquela organização, ou aquela função, merece um esforço de negociação, e se essa negociação é possível. Se efetivamente as pessoas se realizam naquela organização e naquela função – isso é a primeira coisa a ver –, se sim, se é possível uma negociação com as hierarquias de maneira às pessoas conseguirem a rota que desejam.

Depois, se isso não for possível, ver como entrar num processo que não é simples, e para o qual desenvolvi algumas técnicas – porque faço formação com pessoas dirigida a estes processos –, que é trabalhar bem o seu desejo e aquilo que precisam de fazer. Ou seja, o que é que preciso de fazer na minha vida profissional para prover às minhas necessidades básicas e da minha família, e aquilo que desejo mesmo fazer desde há muito tempo.

Às vezes as pessoas não conhecem muito bem esse desejo e há técnicas para encontrar esse seu desejo remoto. A partir daí é aplicar as técnicas da gestão, dos adquiridos, do que é preciso obter, dos pontos fracos e fortes, uma análise *SWOT*, uma análise de possibilidades, de mercado, de interessados, da sua rede social, até chegar à conclusão de onde se quer chegar e traçar a rota. E se essa rota e esse percurso implicar uma rutura, é preciso uma preparação física para essa rutura. Foi o que constatei.

Preparação física, de que ponto de vista? Não é preciso ter músculos.

Não, mas porque estamos a falar de pessoas já não muito jovens, acredito que as aprendizagens mais profundas e mais diretas são as que nos veem através do corpo. Se entrarmos num processo de robustecimento e de rota, usando o corpo com exercícios, chegamos lá mais rápido. Em algumas ações que fiz, nomeadamente em Moçambique e na Guiné, vi quanto a parte física do trabalho ajuda.

Com locais?

Com certeza, só com pessoas nacionais e com quadros de empresas. Desenvolvi também um curso, é outra coisa que tenho feito, dirigido para aqui. A primeira vez que fui a Moçambique fazer essa ação de formação, com os laboratórios, tinha muitas senhoras no curso que estavam desmotivadas desde o primeiro dia. Percebi que eram senhoras que só foram a estes cursos porque recebiam 20 dólares, que era muito dinheiro, mas incomodava-me imenso. E então fiquei mais três semanas e propus fazer

MUDAR DE VIDA

um curso dirigido a elas, de modo a conduzi-las a um processo de reflexão pessoal e profissional, de forma a conseguir que colassem a sua rota real, profissional, à rota dos seus desejos, e pudessem trabalhar nos laboratórios de maneira a sentirem-se felizes e aumentassem a eficácia.

Acho que se conseguiu, houve resultados muito bons. Para já sentiram-se muito bem por estarem só mulheres, depois foi uma novidade ver conceitos de gestão aplicados ao quotidiano, e a parte do exercício físico foi fantástica. Também tive sorte (são aqueles pequenos milagres que acontecem na vida das pessoas). Ainda não sabia que ia ficar reformada quando a Wendy Palmer veio a Portugal dar um curso, que era caríssimo, e evidentemente que o banco não me pagou, mas eu paguei. Tive a intuição, pelo que tinha pesquisado na internet, que aquilo estava na minha rota, e estava mesmo.

TERCEIRA PARTE

Reagir

Opor a uma ação outra contrária; exercer
reação; apresentar uma alteração física como
resposta a um estímulo exterior; comportar-
-se de uma determinada maneira face a um
dado facto ou acontecimento; resistir; opor-se;
lutar; servir de reagente.

Grande Dicionário da Língua Portuguesa
Porto Editora

Nos últimos anos a proatividade assumiu-se como um
requisito obrigatório em qualquer processo de recrutamento para os mais diversos níveis funcionais. De facto,
ser proativo permite antecipar situações potencialmente
geradoras de desconforto e prepararmo-nos para as
enfrentar ou mesmo impedir que aconteçam. Podemos

MUDAR DE VIDA

lidar melhor com o fracasso quando somos proativos, uma vez que tendemos a recuperar mais facilmente. A proatividade tem assim ganho terreno à reatividade.

Mas também existem situações que, pelas mais diversas razões, nos obrigam a resistir e a reagir na hora. Mesmo que tenhamos sido proativos, ou porque não pudemos avaliar com objetividade todos os dados de um problema, ou porque simplesmente não controlamos tudo à nossa volta, poderemos ter de responder reativamente. O importante é que possamos aprender a reagir de forma eficaz.

Os entrevistados aqui incluídos têm percursos muito diferentes, mas todos eles reagiram a situações mais ou menos inesperadas e que lhes exigiram grande capacidade de adaptação. Alguns terão chegado a pensar que seria fácil voltar a ser empregado por conta de outrem.

Um caso paradigmático é o de Ana Teresa Mota, para quem o despedimento foi uma surpresa. Não necessitou de parar para pensar e tornou-se *freelancer* na hora. Artur Ferreira não foi apanhado de surpresa e foi ele próprio que preparou a sua saída. Mas soube prevenir a crise no setor do crédito ao consumo, em Portugal. As primeiras notícias vindas dos Estados Unidos fizeram com que reagisse de imediato e começasse a planear uma nova vida.

Planear uma nova vida, todos são unânimes, passa por trabalhar muito no que se gosta e no que se sabe fazer bem. Passa por reagir, mas olhando para a frente. E mesmo com o estatuto de empregado, hoje é imperativo que cada um construa o seu emprego. Todos os dias.

«...Agora que deixei de trabalhar,
vou tornar este facto numa oportunidade...»

ANA AIRES PEREIRA

Doutoranda em Gestão Geral,
Estratégia e Desenvolvimento Empresarial

Aos 39 anos, depois de ser mãe pela segunda vez, Ana Aires Pereira optou por deixar de ser quadro de uma grande multinacional e apostou em ter mais tempo para a sua própria vida – vai dedicar-se à Universidade e não pensa voltar ao mundo empresarial, sobre o qual foi desenvolvendo uma visão crítica.

«Estou de bem com a vida, sei exatamente o que quero, pelo que o importante é ir fazendo em cada momento aquilo que me realiza» parece ser o que Ana Aires Pereira tem para dizer ao mundo *corporate*. Depois de uma carreira sempre em crescendo no setor automóvel, na área comercial e de marketing, onde atingiu o topo, decidiu pôr um ponto final nesse percurso. Após 10 anos de encontros, relativamente ao que queria para si e achava mais adequado para a empresa, chegou um momento em que não houve encontro de posições e decidiu reorientar a sua carreira profissional para o mundo académico, onde a aprendizagem é uma constante.

Há muito que vinha preparando este desfecho e estava habituada a lidar com o imprevisto. Decidida e firme, tem a imagem dura que muitas mulheres precisam de mostrar quando se movem num universo tradicionalmente masculino. Sabe o

MUDAR DE VIDA

que quer. E quis uma outra vida. Sem carro topo de gama, sem cartão de crédito, sem o último modelo de telefone, mas a ver os filhos crescerem. Mas não se pense que trocou a sua vida de executiva para ficar em casa e esperar com um lanche o regresso dos filhos da escola. Não, Ana está empenhada em prepará--los para vencerem num mundo competitivo e faz disso a «sua empresa», a par de um doutoramento no ISCTE. A docência pode ser o futuro.

Expatriada durante mais de dois anos, nessa época foi o marido que suspendeu a carreira para a acompanhar e para tomar conta do filho. Hoje diz que chegou a sua vez de os acompanhar e até veria com bons olhos uma expatriação do marido.

Olha com calma para tudo o que lhe aconteceu, convicta de que não quer voltar atrás, percorrer o mesmo caminho que já percorreu e que há uns meses decidiu abandonar.

E relembra: «Sempre achei que o mais importante é que sejamos bons profissionais, e isso significa fazermos aquilo que está correto».

Dois meses depois de Ana Aires Pereira ter dado novo rumo à sua vida tive uma conversa com ela.

Era expatriada, tinha esse estatuto?
Exatamente. As condições eram excelentes.

Quando regressou a Portugal?
Regressei em 2005 para assumir a função de diretora de marketing. Em 2007 tinha a direção perfeitamente arrumada, os meus colaboradores estavam autónomos, que era um dos meus objetivos quando voltei, e obviamente geria aquela equipa com satisfação. Realmente aquelas pessoas aprenderam, que era uma coisa que não sabiam, a pensar por elas próprias e a gerir a atividade delas de uma forma relativamente autónoma e pro-ativa, obviamente respeitando sempre as instâncias de decisão.

Adorava a minha função, a minha equipa e tinha imenso orgulho no profissionalismo da organização onde trabalhava. Tenho consciência de que saí e de que deixei pessoas satisfeitas e bem preparadas para continuarem as suas funções.

No meu caso, cinco anos a fazer a mesma coisa numa área de marketing e de vendas, considero que é mais do que o necessário e suficiente. É como os políticos no poder: chega um ponto em que a criatividade se acaba, começa a ser mais do mesmo, e isso não interessa. Não me interessa a mim como profissional, porque põe em causa a evolução de que todos os profissionais necessitam, e também não é o mais adequado para empresa, pois novas ideias são fundamentais nestas áreas.

E foi isso que a levou a tomar a iniciativa?

Também. Confesso que sou muito organizada nestes aspetos e durante a minha licença de maternidade percebi que estava a perder imensas coisas da minha vida, e que não estava a proporcionar aos meus filhos aquilo que os meus pais me tinham proporcionado.

E a seguir?

O que constatei foi que, quando se chega a um determinado nível, nomeadamente do comité de direção, e eu cheguei muito nova, acabou. Diretora-geral não podia ser, pois era um lugar ocupado por estrangeiros, e também não havia prática de mudar de área na empresa. Portanto, o que é que eu ia fazer? O que me esperava? Provavelmente mais do mesmo, durante muitos e muitos anos. A isso, recuso-me.

Comecei a pensar que me estava a sentir obrigada a ficar ali pelo salário, um carro, um cartão frota e mais algumas coisas colaterais. E foram todas estas razões que me levaram a equacionar sair. Claro que um fator importante era achar que o meu filho mais velho, o Diogo, precisava de acompanhamento, porque há coisas que o dinheiro paga, mas não compra. Tinha estado fora da empresa uns bons meses, tinha reorganizado a minha direção, as coisas estavam a funcionar, e estava na altura de tomar uma decisão.

Vamos deixar agora a empresa para trás e vamos olhar para a frente. O que é que pensa fazer?
Neste momento tenho tudo decidido, e também já tinha pensado, porque sair era uma decisão demasiado importante. Como digo, não tenho imperativos financeiros, mas tem impacto. Aquilo que decidi foi acompanhar os meus filhos nos próximos anos. Agora vou candidatar-me ao doutoramento do ISCTE, em Estratégia, vou fazê-lo durante os próximos três anos, e depois, em princípio, seguirei a carreira académica.

Mas essa possibilidade das aulas na universidade já é uma realidade?
Podia ter sido, eu é que não quis, quis seguir outra orientação. Nunca achei que tivesse vocação ou que fosse uma coisa que me agradasse. O nosso processo de evolução é incrível, pois neste momento considero que, dada a minha diversificada experiência profissional, é algo que farei com gosto e que é ideal para mim.

Que idades têm os seus filhos?
O Diogo tem oito e o Gonçalo tem um. Este passo permite-me acompanhar o Gonçalo até entrar para a infantil, e o Diogo até entrar para o 2.º ciclo.

A integração dos filhos e da família.

É uma condição para o sucesso. Foi importante o meu marido ter feito o MBA em França e ter tido tempo para acompanhar o Diogo. E achava que, precisando eles de acompanhamento, não podia ser o meu marido outra vez a abdicar da sua carreira; agora era a minha vez. Todas essas razões me levaram a que tudo isto parecesse importante.

A minha presença tem sido fundamental para o meu filho. Estou a ensiná-lo a estudar, a ter objetivos, a ser ambicioso de uma forma saudável e a explicar-lhe que, na vida, ele tem que trabalhar e estar entre os melhores para poder ter tudo o que quer. Ele orgulha-se imenso, agora orgulha-se porque a mãe vai ser professora. Estou realmente muito satisfeita. Um dos objetivos que tenho é torná-lo num bom aluno. Não faço questão de que seja o melhor, mas quero que ele perceba que aprender faz parte do processo e é incontornável.

Também achávamos que havia um trabalho a fazer com ele, pois mudou de uma escola internacional para um colégio português a meio do 1.º ciclo. Agora é possível, porque a mãe o vai buscar às quatro e meia à escola. Retirou-lhe a carga que tinha em transportes e ATL. Hoje estuda, brinca, tem uma vida equilibrada. E são coisas que o dinheiro não paga.

Todas as situações têm vantagens e desvantagens. Nesta situação em que está agora, já teve alguns momentos de desânimo, de falta de adrenalina?

Não, estou realmente feliz, estou a fazer algo que sempre achei que devia fazer e não fazia. Vou dizer uma coisa que se calhar a vai chocar: esta história da emancipação das mulheres é consequência da sociedade de consumo. Era importante arranjar dinheiro para se consumir mais, e criou-se este conceito de que bom, bom, era as mulheres irem trabalhar.

Hoje o problema ultrapassa a carreira, porque as pessoas necessitam do dinheiro para gastar. Muitas estão endividadas, não têm esta opção. Há muita gente que não pode fazer o que eu fiz.

A mulher hipotecou o seu papel de mãe para se dedicar quase em exclusivo à carreira. Isto não é uma crítica, é apenas uma constatação da realidade. É muito complicado e difícil para as mulheres que têm família, subirem na carreira sem que tal implique uma dedicação excessiva, quase a tempo inteiro. Assim é muito difícil existir tempo e espaço para a família.

Independentemente de haver pessoas que não podem fazer o que fez, ou que não podem estruturar um caminho como o seu, numa perspetiva mais geral e de atitude, o que é que a Ana aconselharia a pessoas que se vissem na sua situação de insatisfação com o rumo da carreira? Ou, a pessoas que são dispensadas, ou que tomam a iniciativa por outra razão qualquer.

O primeiro passo é vencer a barreira psicológica do estatuto. A simplicidade e a humildade ajudam imenso. O mais difícil, e penso que para uma pessoa que fica desempregada também deve ser isso, é deixarmos de ter o estatuto que tínhamos, para passar a ter outro, de estudante, de doméstica, de desempregada...

Hoje, talvez mais do que nunca, as pessoas têm muito medo do futuro e querem ficar na sua zona de conforto, que às vezes nem é uma zona de conforto e pode até ser de extremo desconforto, mas preferem ficar ali porque não querem tomar uma decisão.

Devem antes dizer: «agora que deixei de trabalhar, vou descobrir como tornar este facto numa oportunidade».

No meu caso, na verdade, só voltarei a trabalhar se tiver uma boa proposta. Se tiver oportunidade, mesmo sem fazer o doutoramento, de ir dar aulas, se essa oportunidade surgir, vou fazê-lo. Agora, se a oportunidade for fazer a mesma coisa que deixei para trás, não me interessa.

Devemos libertar-nos de preconceitos, ultrapassar as barreiras psicológicas e simplesmente olhar em frente e reconstruir o futuro. Há sempre soluções, alternativas e oportunidades. Há apenas que procurá-las!

*«...É aqui que tenho de estar,
agora é perceber como...»*

ANA TERESA MOTA

Produtora de eventos

Lembro-me do dia em que Ana Teresa soube que tinha sido despedida e de como sentiu necessidade de falar. O alívio e a angústia reconheciam-se-lhe em doses iguais. O primeiro, porque alguém tomou uma decisão que ela própria poderia ter tomado. Afinal, já há algum tempo que o estímulo era insuficiente e a motivação quase nula. A angústia, pelo desconhecido. Se não fossem os encargos que, aos 40 anos, suporta sozinha e talvez pudesse ter sido a própria a tomar uma decisão radical. Com um currículo invejável na área da produção de grandes eventos e depois de ter passado pelo *Jornal Sete*, pelo Instituto Português de Cinema e pelo CCB, em 2007 Ana Teresa é despedida do cargo de Diretora de Operações do Pavilhão Atlântico. Pensa imediatamente em fazer umas férias sabáticas e parece uma decisão sensata, sobretudo para alguém que nos últimos anos teve uma vida profissional desgastada por horários e ritmos irregulares. Mas o meio em que se move fica a saber da sua disponibilidade e quase de imediato é contactada para a produção de um grande evento, o que, aliado ao seu temperamento irrequieto, a leva a aceitar. Quis agarrar uma primeira oportunidade que lhe abriria outras portas e adiou as férias. Começou a apreciar a liberdade para gerir o seu tempo e para acompanhar mais de perto a filha pequena. E decidiu voltar a estudar, concluindo uma pós-graduação em Gestão em Empreendedorismo Cultural e Criativo, ao mesmo tempo que foi convidada para dar aulas na área de produção de eventos, numa outra escola. O tempo começa de novo a escassear e, para além de uma parceria que estabelece, começa a contratar *freelancers*. Tudo a partir de casa. Ainda não se sente com coragem para ter um espaço exclusivo de trabalho – que se calhar nem é necessário. Mesmo com alguma ansiedade permanente, por não saber como vai ser o futuro, acha que ter sido despedida foi a melhor coisa que lhe aconteceu. Tem competência a fazer aquilo que gosta de fazer e, talvez por isso mesmo, não lhe falta trabalho. E quem é que se pode gabar de saber o que vai ser o futuro?

Foi uma surpresa o seu despedimento?

Foi uma surpresa, não estava à espera que acontecesse. Foi uma daquelas coisas de se chegar de manhã, dizerem-nos, e de repente para-se. Há aqui duas junções de coisas e acho que vale a pena falar para trás, só nessa perspetiva. Os meus últimos anos no Pavilhão Atlântico foram já muito desesperantes: olhar e não ver o caminho que se vai fazer para a frente. Não tinha mais ambição. No fundo estava no topo, numa área que é complexa e que em Portugal não tem assim tanta coisa para fazer. Por outro lado, pesava o ter a minha mãe e a minha avó, que não dependem exclusivamente de mim, mas de quem, no fundo, sou eu a âncora, e pensava: «vou sair daqui...». Era uma coisa que me apetecia, andava em embrião sobretudo durante o último ano e meio. Mas a verdade é que não se toma a decisão porque temos despesas e encargos. Fui apanhada completamente de surpresa, não esperava. Hoje, acho que foi uma prenda de Deus.

Então esse empurrão foi positivo.

Foi. Não mudei propriamente de vida, a área de trabalho mantém-se, ficar no fundo de desemprego também não era para mim, um ano... a ver o que é que ia fazer. E a verdade é que também não parei muito para pensar, porque as coisas foram acontecendo.

Foram acontecendo, como?

As coisas foram acontecendo neste sentido: logo a seguir tive um convite para fazer o Campeonato do Mundo de Vela em Cascais.

Como surgiu o convite, disse ao mercado que estava disponível?

Não, aliás quando saí do Pavilhão Atlântico tinha posto a hipótese de fazer umas férias sabáticas, de tirar uns meses.

Estava disponível para isso?

Sim, e para pensar no que é que ia fazer. A verdade é que nunca consegui parar para pensar, as coisas de alguma forma foram acontecendo. Tive logo o convite para fazer o Campeonato do Mundo de Vela, depois tirei umas férias e quando voltei deparei-me com uma coisa que, sobretudo para as pessoas que têm uma atividade muito intensa, é o primeiro choque: de repente estava em casa; estava habituada a ter um ritmo acelerado, a estar com muitas pessoas, e não tinha nada para fazer. Quer dizer, se pensasse até tinha, assuntos atrasados da minha vida pessoal, mas para-se e é um bocadinho assustador. Estive parada porque tive de ser operada, estive mais três meses sem estar a preparar nada, e depois as oportunidades foram surgindo naturalmente. A verdade é essa, não fiz um esforço, não posso dizer que houve um momento em que decidi, nem que tracei um caminho, porque não é verdade. Se calhar hoje esse caminho é mais consciente.

Porque é que acha que foram acontecendo?

Estamos a falar de um mercado relativamente pequeno, mas na verdade tenho uma experiência e um percurso grandes – muitos anos, muitos sítios, muitas situações diferentes. Num mercado assim, as coisas acabam por funcionar muito de boca em boca. Os trabalhos, os convites, foram surgindo assim, fui-me posicionando, mas em boa verdade nunca saí. E as empresas que me conheciam de outras funções começaram a propor-me trabalho como *freelancer*. E atrás dessas vieram outras, recomendadas pelas primeiras.

Mas a partir de certa altura teve de estruturar a sua atividade, ou não?

Fiz isso um bocadinho mais tarde, comecei a trabalhar ainda sem pensar como é que me ia organizar. A reestruturação do meu funcionamento não vem logo no início, é feita mais à frente. Quando saí do Pavilhão Atlântico tinha uma perspetiva, e foi essa também a vantagem: do ponto de vista financeiro podia estar em casa um ano, sem rendimento, o que significa que todas as coisas que foram aparecendo, e que fui fazendo, esticavam esse ano para a frente. No primeiro ano a coisa andou assim sem pensar no que é que ia fazer; não posso dizer que foi uma dor de cabeça, foi andando ao sabor. Ao fim do primeiro ano, apesar de nunca ter estado parada, as coisas ficaram mais claras na minha cabeça.

O que é que estruturou na sua cabeça?

Passa por «gosto muito do que faço e acho que o faço muito bem» e pensar que não vale a pena inventar: isto é o que gosto de fazer, e ainda me pagam para isso, mais ou menos. Isto é uma coisa fantástica, que nem toda a gente pode ter, «é aqui que tenho de estar, agora é perceber como». E o que gosto de fazer, de facto, é produção. Uma das vantagens da saída do Pavilhão Atlântico é que voltei a concentrar-me nos aspetos técnicos e criativos da produção. Numa sala como o Pavilhão Atlântico há um peso muito grande da parte burocrática – na realidade, o meu dia era muito mais passado na gestão do que na operação... E, confesso, é uma coisa absolutamente fantástica recuperar a liberdade de «poder fazer». Há coisas que me dão mais dinheiro, outras menos, há coisas que me dão menos gozo e outras mais. Não tenho por ambição criar uma grande empresa, de todo. Este é um momento da minha vida para saborear, especialmente esta parte de poder fazer o que gosto. Há alturas em que sou mais bem retribuída, outras menos, mas não me estou a ver a voltar para um mundo *corporate*. Até pode acontecer, mas nesta fase da minha vida não, por várias razões, mas primeiro porque esta liberdade que ganhei, e que nunca tinha tido, estou a adorá-la.

E essa liberdade implica só a liberdade de fazer como quer, ou também conjugar a sua vida profissional com a pessoal?

Há uma liberdade muito grande desse ponto de vista, mas isto não são só coisas boas. Tenho esse lado, que é muito simpático, de poder dizer à minha filha «hoje a mãe vai-te buscar às quatro da tarde e vimos as duas para casa, cada uma trabalha no seu sítio», ou passar o resto da tarde com ela e depois trabalhar à noite. Ainda por cima faço uma grande parte do trabalho de produção por computador e telefone, razão pela qual não tenho escritório até hoje.

Trabalha a partir de casa?
Sim.

Mas criou uma empresa? Quando diz que tem uma pessoa que trabalha consigo, é seu sócio?
Somos parceiros, no fundo cada um de nós tem uma empresa diferente, mas funcionamos em parceria. Quando vamos fazer um evento qualquer, seja um espetáculo, seja uma exposição, fazemos parceria. A razão pela qual tenho fugido a ter escritório é essa: perco uma destas coisas agradáveis, gerir os horários a partir de casa.

Isso para si é importante?
Muito, porque é o que nunca tive. Dois meses depois de a minha filha nascer estava a trabalhar, e era quadro, podia perfeitamente ter a licença de parto toda, e não o fiz porque tinha de ser. Essa liberdade de poder usufruir do tempo... há dias mais complicados, mas, obviamente, há dias mais simples, e nestes essa é uma liberdade que, se estivesse a trabalhar numa empresa, não teria.

Disse que não têm sido só coisas boas. Que dificuldades encontrou?
Há uma que é muito pragmática. Toda a vida trabalhei em estruturas, mas nesta situação há uma ansiedade constante: hoje estou cheia de trabalho, amanhã posso não ter, posso estar dois meses cheia de coisas e depois três ou quatro sem nada para fazer. Há várias implicações, e desde logo o dinheiro que é preciso para viver. É diferente de estar numa empresa onde se sabe que ao fim do mês, esteja doente ou trabalhe muito ou pouco, se tem um ordenado, seja alto ou baixo. Quando se trabalha por conta própria isso não acontece, não se tem essa garantia.

E isso obriga-a a quê, essa ansiedade constante?
Obriga-me a não olhar para a frente. Se quiser, a ver um dia de cada vez. Hoje em dia, esta coisa de emprego para a vida cada vez menos existirá. Tenho uma coisa que é garantida, isto é, um exercício que é diário. Ainda por cima porque decidi no meio do percurso voltar a estudar.

Fez uma pós-graduação.
Fiz, em gestão e empreededorismo cultural e criativo.

O que é que a levou a fazer essa pós-graduação?
Curiosamente, aprender. Não fui fazer a pós-graduação com nenhuma intenção além da de poder aprender mais qualquer coisa – gosto de aprender. Tenho pena de não ter mais tempo neste momento para poder fazer outras coisas. Aliás, estive na dúvida: há uma coisa que ando há anos para fazer, que é joalharia. Gostava de aprender a trabalhar em prata. Na altura em que me candidatei à pós-graduação pus a hipótese, se não entrasse, de tirar o curso de joalharia. Mas aí a minha perspetiva era completamente lúdica.

Pensa que esta pós-graduação lhe trouxe valor acrescentado para a sua atividade, de aplicação prática, trouxe--lhe mais solidez quando se apresenta aos clientes o facto de dizer que tem uma pós-graduação nesta área, ou é irrelevante?
Para mim é irrelevante. Se calhar tem razão, depende um bocadinho do cliente que está pela frente, vistas as coisas a esta distância; não sendo esse o objetivo, em algumas áreas tem peso, não em muitas. Devo dizer que estou numa fase fantástica da vida. Não tenho a coisa pensada. Se me perguntar se daqui a dez anos quero estar a fazer isto, não sei, estou centrada em duas coisas. Faço isto

MUDAR DE VIDA

muitíssimo bem e gosto, e neste momento consigo viver só disto.

Neste período, sobretudo no primeiro ano a seguir à notícia, que apoios é que teve? É notório que houve um apoio, o seu, que vem de dentro de si, mas apoios exteriores, consegue nomear?
Não sei se tive.

No início começou por falar no subsídio de desemprego, no facto de para quadros superiores não existirem apoios.
Não, nesse aspeto não há apoios nenhuns. De resto, é uma das coisas quase arrogantes de se dizer, mas é a realidade. A partir de determinado nível de vencimento, recebe-se menos de metade daquilo que descontava por mês. E de facto, quando se fala de quadros, sobretudo quadros médios superiores e na faixa entre os 40 e os 55, é onde a situação é mais complexa. Porque de alguma forma, precisam, muitos deles. Uns têm atividades que podem, com alguma calma, tentar fazê-las de outra forma, e outros precisam de se reinventar. E não há apoios nestas áreas, não há formação. Não há ninguém que olhe e diga: fiz isto a vida toda, mas do que gostava mesmo era de coser sapatos. Se calhar esta é a altura de encontrar, e não há este tipo de apoios.

E sem ser nas estruturas oficiais?
A primeira vez que entrei no Centro de Emprego... É um contrassenso. Se vamos deprimidos, chegamos ali, entramos e cortamos os pulsos [risos]. Não funciona como devia funcionar: dar um empurrão e ajudar a construir. E a maior parte das coisas são muito complicadas. Para ter uma ideia: uma das coisas que me propuseram foi

«se quiser fazer uma empresa tem não sei quanto a fundo perdido». Não aproveitei nada disso.

Porquê?

O processo era complicadíssimo. Primeiro que se perceba o que é que se tem de fazer... Se eu própria acho que é um processo complicado, imagino como é que muitas pessoas olham para aquilo. A quantidade de decisões que se têm de tomar logo! Nada disto é ágil e feito como incentivo efetivo, é complicado. Digo, «bom, posso ir montar palcos», que é uma coisa que faço bem [risos] e sei como é que se faz. Tenho sempre que trabalhar, posso é ter quatro ou cinco situações. Obviamente que há situações que são complicadas, mas felizmente eu não tive de readaptar a minha vida face aos rendimentos que tenho.

Não precisou disso até agora?

Até agora, não, consegui manter. Não sei como seria se tivesse 50 ou 55. Mas tenho 40 anos, gosto de mudar, sempre gostei de mudar, a ganhar energia. Faço o que gosto, ainda por cima tenho a sorte de ter uma atividade que me permite trabalhar como *freelancer*, podia não ter. Ajuda muito perceber o que se gosta de fazer e o que se faz bem, e encontrar novos caminhos.

Será uma das coisas que podem dizer a pessoas que estejam na mesma situação?

Acho que sim.

As pessoas centrarem-se no que fazem bem, no que sabem fazer.

No que sabem fazer e no que têm consciência, e isto é uma conversa que se tem com o espelho. E há imensa

MUDAR DE VIDA

gente a precisar de mudar de vida –radicalmente –, porque trabalharam com computadores a vida toda, mas do que gostavam era de pintar casas, e se calhar é a altura. O dinheiro é uma coisa que vai e vem na vida, as casas, os carros... ajuda muito parar e concentrar-se naquilo que se quer fazer, que se gosta de fazer, ou o que se faz bem, e partir daí. Sempre trabalhei numa área de que gosto, e isso é um privilégio, como digo aos meus alunos, «faço o que gosto e tenho a sorte de ainda me pagarem».

Dá aulas também.
Comecei a dar. Curiosamente, é uma coisa transitória. A primeira vez que dei aulas foi exatamente um mês depois de sair do Pavilhão Atlântico.

E essas aulas são onde, e de quê?
Dou aulas na Restart, uma escola ligada às artes, no curso de produção e marketing de eventos. São cursos de um ano, é um módulo que se chama eventos empresariais mas que é sobretudo produção generalizada. Adoro dar aulas. Aprende-se e está-se permanentemente com os mais novos, com outras cabeças, outras visões. E é bom porque é um bocadinho a partir desta junção de aprendizagem e de ensino que as pessoas também vão evoluindo. A experiência das aulas é sempre pesadíssima, todos os anos as aulas caem numa altura em que estou cheia de trabalho. Às vezes, nos momentos mais calmos, não tenho aulas. Não é uma coisa que consiga gerir, mas é uma experiência muito gratificante.

Dizer às pessoas para se focarem no que gostam de fazer e no que fazem bem é uma orientação que pode ser dada numa segunda fase, após uma notícia de «vou sair daqui, sou obrigado». No momento em que as pessoas saem, sobretudo quando saem assim de surpresa, e porque se calhar nem todos têm a energia suficiente para reagir como reagiu, o que seria a sua incitação?

É resolver internamente. Muitas vezes, e por depositarem todas as suas energias nessa revolta, perdem tempo, por mais injusto que seja. Não estou a querer relativizar; as coisas são o que são. Quando se tem um facto consumado, umas pessoas demoram mais tempo, outras menos, mas o conselho é tentar resolver o mais depressa possível. Não vale a pena a pessoa ficar a consumir as suas energias e a remoer numa coisa que ainda por cima não tem solução. É preciso a pessoa encontrar estrutura para não despender energias em coisas que não valem a pena. E olhar para a frente. Às vezes é mais complicado, outras vezes menos. Acho que estas saídas de surpresa podem ser úteis se tivermos a coragem de parar, e se calhar às vezes isso significa finalmente fazer uma coisa de que se gosta, com menos rendimentos. Talvez tenha que se fazer um extra à noite como guarda-noturno para poder equilibrar, mas é bom que as pessoas consigam aproveitar.

Tem menos rendimentos do que tinha na época do Pavilhão Atlântico?

Na prática estou num princípio de atividade mais ou menos pensado. O primeiro ano não conta, o 2008 ainda foi um ano a pensar no que é que ia fazer, e como só a partir de meio de 2008 é que comecei a ganhar, comecei a pensar «é isto, vai ser assim». O primeiro ano de atividade a sério é desde início de 2009 até agora. A única diferença é que no Pavilhão Atlântico sabia que no fim do mês o dinheiro estava na conta.

Isto é, achava que sabia.
Achava que, é uma tendência. Quando estamos num emprego sabemos que em dezembro recebemos na mesma o ordenado e o subsídio de Natal, e hoje não conto com isso.

Que também pode ser uma incerteza. Aqui ninguém a vai despedir.
Sim, podem é não me dar trabalho [risos], e isso é uma questão que tem de se aprender a gerir.

Emprega pessoas?
Não tenho empregados. Não tenho a perspetiva de crescer no sentido de ganhar dimensão, para poder continuar a fazer aquilo que me dá tanto gozo hoje em dia, coisas que me dão muito pouco dinheiro mas muito gozo. E se se começa a ter pesos de estrutura começa-se a ter uma obrigação muito maior. Não tenho empregados, contrato permanentemente pessoas nas mesmas condições que eu, *freelancers*. Nesta perspetiva, é uma tarefa, e esforço-me por ir dando e distribuindo trabalho por várias pessoas. Não tenho um horário, é para trabalhar, é um projeto. Já me aconteceu chegar ao fim e pagar mais do que o que estava combinado.

*«Empreendedorismo é qualquer coisa
que tem de se passar a ensinar na escola,
eles vão ter de construir o seu posto de trabalho.»*

ANTÓNIO CRISTOVAM

Consultor

O 25 de abril de 1974 trocou-lhe as voltas. Terminada a licenciatura em Engenharia Mecânica, no Instituto Superior Técnico, estava indicado para fazer a abertura da agência do Fundo de Fomento de Exportação, hoje AICEP, em Nova Iorque. Mas o FFE desaparece, assim como um conjunto de propostas de trabalho e chega a outubro de 1974 sem emprego.

O pai traçou-lhe o caminho, obrigando-o a regressar a Évora, de onde é natural. Se um «canudo» não lhe servia para encontrar emprego, então regressava a casa onde gastava menos dinheiro. «Foi um período complicado», recorda. As expectativas eram outras, muito diferentes das criadas por uma cidade de província de onde tinha saído havia seis anos. Acomodou-se até ao dia em que a mãe «me deve ter levantado da cama com um guindaste» e o obrigou a inscrever-se num miniconcurso para dar aulas na Escola Industrial e Comercial de Évora. Miniconcursos, Escolas Industriais... termos há muito desaparecidos do nosso léxico.

De desempregado passa a ter dois empregos, um na escola industrial de manhã e um no liceu à noite. A dar aulas de Matemática. Em termos financeiros «a coisa compôs-se», mas em

MUDAR DE VIDA

setembro de 1975 é chamado para cumprir o Serviço Militar e frequenta o Curso Especial de Oficiais Milicianos, um curso frequentado por engenheiros, arquitetos, médicos, psicólogos e sociólogos. Teve como colegas, nomes hoje ilustres como Manuel Sobrinho Simões ou Júlio Machado Vaz. Fez a especialidade e foi colocado na Escola Prática de Serviço de Material. Mas, logo de seguida, aconteceu o 25 de novembro de 1975. A Escola «fica nas mãos» de Salgueiro Maia e acaba por regressar a casa onde permanece a aguardar os próximos episódios.

O Exército coloca-o numa fábrica militar e foi lá que terminou o serviço militar. Mas logo a seguir foi convidado para continuar na fábrica, como civil. Sem qualquer experiência de facto como engenheiro mecânico, e entre ir novamente para o desemprego e a oportunidade de integrar uma estrutura industrial de «altíssimo gabarito», opta pela última.

Corria o ano de 1977 e António Cristovam move-se num meio em que «planeamento de produção», «qualidade», «responsabilidade social», «higiene e segurança no trabalho» são já conceitos correntes. Começa por ser engenheiro de oficina e chega a chefe de manutenção na Fábrica Militar de Braço de Prata, que produzia munições para armas ligeiras. Em 1981, ao fundir-se com a Fábrica Nacional de Munições de Armas Ligeiras, deu origem às Indústrias Nacionais de Defesa, empresa pública que viria a ser extinta em 2004, embora, na prática, tivesse deixado de funcionar em 2001.

Inicia-se então em 2004, ao fim de 27 anos de atividade, um novo percurso para António Cristovam. Tinha chegado a diretor-geral, tinha saído, regressou como diretor comercial, passou por uma «prateleira dourada» e voltou a sair, de vez, aos 53 anos, criando então o seu próprio negócio de Consultoria para PMEs. Quando conversámos, António Cristovam tinha acabado de fazer 60 anos. A sua vitalidade é contagiante, assim como o sotaque alentejano que sempre guardou. E a sabedoria que cultiva.

152

Quando é que sai da Indep?
No dia 8 de fevereiro de 2002. Embora tenha que refe-rir o seguinte: estive cerca de dois anos fora, porque em 1997, era então diretor-geral, já me sentia extremamente atrofiado. Porque via um desenvolvimento que estava muito para além daquilo que considerava que devia ser, do ponto de vista profissional entendi que devia sair. E saí para nada, sem nada para fazer. Mas quando digo «não aguento mais isto, vou-me embora», tive mesmo de sair. Era qualquer coisa de antagónico a tudo o que considerava ser uma empresa. Entretanto a Indep já tinha passado a sociedade anónima, já não era uma empresa pública.

Regressou passado quanto tempo?
Dois anos.

O que é que fez durante esses dois anos?
Administrei um grupo empresarial ligado a uma figura já desaparecida, o Telmo Protásio, um grupo editorial de publicidade. Estive ligado à administração desse grupo durante esses dois anos. Entretanto, a administração da Indep, SA, muda e no final de 1988 a nova administração convida-me para voltar e recuperar um dos meus antigos postos. Era diretor-geral quando saí em 1997, mas era também diretor comercial e de marketing. E assumo a gestão direta de todas as vendas dessa empresa em 1988, tendo já sido antes diretor industrial de uma das fábri-cas da própria Fenomal durante um ano, em 1987. Em 1988 passo para a direção comercial de tudo. Sou diretor comercial durante esses nove anos, os dois últimos, 1996 e 1997, também como diretor-geral de uma das unidades. E saio. Estou esses dois anos fora a fazer coisas totalmente diferentes.

MUDAR DE VIDA

Tem aqui dois períodos com duas saídas, a segunda também foi por sua iniciativa?

Abandono o grupo do Telmo Protásio, que era de facto um homem extraordinário, mas que nos últimos anos de vida, por problemas de saúde, perdeu muitas das suas capacidades. No grupo, a bem dizer, aprendi tudo o que não se deve fazer, como é que não se faz, inúmeras coisas. Não foi do ponto de vista profissional. Foi muito importante em termos de aprendizagem, mas envolveu para mim muitos sacrifícios. Porque as decisões são colegiais, vi-me a votar sozinho contra muitas coisas que acabaram por acontecer que achava que iam conduzir a um destino que se veio a concretizar logo a seguir à sua morte. Uma coisa era o Telmo Protásio e a sua capacidade de segurar na banca algumas pontas, e outra foi quando morreu. Quando pego naquilo já era mais virtual do que real. No final de 1998 recebo um novo convite para regressar, exclusivamente para me concentrar na área comercial. Aí a Indep já era uma coisa muito pequenina, até porque a Fábrica de Braço de Prata já estava totalmente liquidada e encerrada, e na sua atual configuração. Uma enormidade de terrenos, cerca de dez hectares na frente ribeirinha, com o projeto imobiliário do arquiteto Renzo Piano, mas que ainda hoje está embargado. Esse projeto é feito na gestão do Dr. João Soares como presidente da Câmara de Lisboa.

Por curiosidade, naquilo que é hoje a Fábrica Braço de Prata, com promoção de eventos, no sítio onde é o bar, foi onde me sentei durante nove anos como diretor comercial. A Indep praticamente já só tinha produção de pequenas munições, mas o estado português tinha feito um investimento de perto de três milhões de contos – seriam 15 milhões de euros – num equipamento de última geração de grande capacidade de produção e de grande flexibilidade. Regresso no sentido de recuperar e reconstruir a carteira de encomendas, coisa que a partir de 1999 começo a fazer, e consigo. Em finais do mês de junho, todas estas coisas são crónicas anunciadas...

Começou a antecipar a situação.
Sim, quando se anuncia uma vez mais uma mudança de conselho de administração, e face à sua composição, às suas personalidades, e àquilo que entendo serem as competências desse conselho de administração. Naturalmente que estas decisões vêm de cima. É qualquer coisa que nunca foi explicada. Há várias coisas nestes 20 anos que nunca foram explicadas. Seria bom que as explicassem. Seria bom que se explicasse como é que se vende à indústria espanhola concorrente um equipamento que custou três milhões de contos por 600 mil, que se explicasse porque é que em junho de 2001 me é dada a instrução de que estou impedido de comercializar o que quer que seja, de contactar os clientes no sentido de promover.

Aquela empresa tinha uma carteira de encomendas. Mesmo não estando totalmente coberta a totalidade da produção, ocupava cinco anos, e estava em negociação de contratos que estavam praticamente a cair, contratos muito quentes, e que ocupariam seguramente os próximos cinco anos.

Na altura era claro que a produção daquele tipo de produto era uma coisa que estava em *phase out* na Europa. A Europa estava pouco interessada em fabricar aquilo, porque a generalidade dos grandes produtores estava cada vez mais orientada para produtos que efetivamente modifiquem o curso normal de um processo de beligerância, e não é uma pequena munição para G3 ou para uma pistola (na altura faziam-se apenas três calibres) que alguma vez modificaria o curso do processo. O que modifica são produtos completamente distintos.

MUDAR DE VIDA

Na senda do que acontecia então nos Estados Unidos, já havia um processo enorme de fechos de unidades, de fusões, mas era óbvio que com os recursos de que Braço de Prata dispunha, quer de equipamento, quer tecnológico, quer humanos, aquela fábrica seria hoje uma unidade de excelência. Estou convicto de que se agora existisse poderia ter uma carteira de clientes não para cinco, mas para dez anos. Tínhamos clientes na Europa perfeitamente definidos. A indústria provavelmente poder-se-ia ter mantido.

Mas a verdade é que o processo de rescisão de contratos foi muito bem conduzido – aconteceu ao longo de anos, começou com quatro mil pessoas. Quando saí éramos 200 e nunca veio nada para os jornais. Foi tudo bastante bem feito, mesmo tendo existido situações de grande tensão e alguns problemas sociais.

Quando começou a antecipar essa situação, o que é que começou a preparar para si próprio?

Era claro na minha cabeça, depois da experiência que tinha, que não ia voltar a trabalhar por conta de outrem. Tinha para mim que, com honrosas exceções, que as houve, e até bastantes, fora sempre liderado por pessoas que tinham muito menos capacidades do que eu, que em termos de liderança estavam muito abaixo daquilo que eu entendo serem as minhas próprias capacidades técnicas, de liderança, de organização e de gestão.

Ao longo deste percurso, hoje estou muito grato, não só à fábrica militar onde comecei, como à Indep, por tudo aquilo que elas me ensinaram, nomeadamente toda a formação que me deram, e que ao tempo era pioneira neste país. Hoje lido com coisas novas com uma enorme tranquilidade, porque as conheço desde a década de 70. Os processos de inovação, os processos de desenvolvimento, até a organização e a gestão de inovação eram coisas que se faziam naquelas unidades na segunda metade da década de 70. Começo a pensar o que vou fazer à minha vida.

Mas ainda foi por sua iniciativa?

Há que explicar. Sou colocado numa prateleira dourada em julho de 2001. São-me retiradas todas as competências do exercício da função de diretor comercial e passo oito meses numa prateleira. Não me foram retirados nenhuns dos benefícios, nem salário. Nunca ninguém questionou a utilização do cartão de crédito, porque os clientes da empresa começaram a ouvir em catadupa. Eu não estava autorizado a falar, mas podia falar pessoalmente. E então vinham visitar-me e convidava-os para almoçar ou jantar. O normal naquilo que é a função de um diretor. Nunca ninguém questionou porque é que eu, estando inibido de comerciar, tinha gastos.

Mas isso se calhar fazia parte do tal plano para as coisas correrem bem.

Eventualmente. A verdade é que estive numa prateleira dourada até ao dia 8 de fevereiro de 2002.

E o que é que aconteceu nessa altura?

É negociado o meu processo de rescisão de contrato com uma indemnização que recupera todos os anos que trabalhei na Indep, à semelhança do que aconteceu com todos os trabalhadores. Todos saíram com uma indemnização um pouco acima do que era o mínimo legal. Não muito: pagaram um salário e meio por cada ano. Não tive nem mais nem menos do que todos os companheiros de trabalho. Saio em fevereiro de 2002 com a firme convicção de que não vou trabalhar mais por conta de outrem,

MUDAR DE VIDA

não sou capaz. E saio também com a firme convicção de que tenho de criar o meu próprio trabalho.

Podia dedicar-me a montar uma pequena sociedade destinada à importação e exportação de produtos relacionados com a defesa, os chamados bens e tecnologias de defesa, coisa que acabei por fazer com antigos companheiros.

Tenho ainda hoje uma empresa dessas. Para a ter é preciso uma licença especial emitida pelo Ministério da Defesa. Tem que se ter uma auditoria especial dos gabinetes de segurança da NATO. Os três sócios temo-la, porque trabalhámos durante anos na Indep. Sempre fomos muito amigos. Foi também uma forma de manter contactos com pessoas que sempre considerei importantes na minha vida. E assim temos uma ocupação.

Na altura, apareceu a possibilidade de fazer essa empresa, com os programas de formação/ação, cofinanciados pela União Europeia, orientados para o desenvolvimento da base empresarial portuguesa, que ainda hoje é muito pobre, pese embora o facto de se ter desenvolvido muito. Segundo os dados do Instituto Nacional de Estatística, em 2008 existiam em Portugal cerca de um milhão e 100 mil empresas. Acontece que desse total, só tínhamos 921 empresas com mais de 250 trabalhadores, isto é, grandes empresas.

Temos um número limitado de médias empresas e o grosso da coluna são micro e pequenas empresas, que ainda assim asseguram 70% do volume de negócios deste país e mantêm 85% do emprego. A economia de profundidade deste país assenta nas micro e pequenas empresas, e não nas grande empresas. Temos poucos grupos económicos.

A certa altura deste processo sou convidado para fazer umas formações para uma empresa das Caldas da Rainha, para a qual trabalhava já um antigo colega meu, e amigo, da Indep, e que é uma das pessoas com quem, depois, venho a construir a tal empresa, que não é só orientada para o comércio de bens e tecnologia de defesa, é orientada também para a consultoria e para os serviços de engenharia. E é uma empresa. O seu pacto social diz isso muito claramente, que faz também formação, auditorias técnicas, auditorias de qualidade.

Formação técnica?

Sim. Sou convidado primeiro para fazer uma pequena intervenção num programa de marketing que estava então a decorrer no Algarve. No fundo, a minha carreira profissional levou-me da engenharia mecânica para o marketing, com formação específica, para aprender alguma coisa. E leva-me depois, com formação específica, para a gestão. Vou da engenharia pura e dura à gestão. Há muitos anos que já não faço engenharia pura e dura, faço mais gestão. Há duas coisas que me marcam ao longo da vida, uma é a capacidade de comunicar e a outra é o dominar razoavelmente bem três línguas para além da minha – espanhol, francês e inglês. Falo e escrevo com alguma fluência essas três línguas. Sabe como é que passo, ainda na Indep, de chefe de divisão de produção de uma das fábricas para *sales area manager*? Nunca me tinha passado pela cabeça.

Falava outro idioma, que na altura era necessário.

Exatamente. Na altura, o presidente do conselho de administração, que era um homem que decidia, num processo de recrutamento de um *sales area manager* para a direção comercial da então Indep, um processo que se arrastava ao longo de meses... Já tinham feito algumas dezenas de entrevistas e já tinham publicado anúncios

MUDAR DE VIDA

no jornal, e então esse presidente terá dado um murro na mesa e disse: «o recurso é interno, tem de falar e escrever fluentemente francês e inglês e tem que ter ar de quem toma banho todos os dias». E fui eu o selecionado.

Deixando o passado e indo à época em que começa a fazer estas intervenções.

Tinha o CAP, porque, no processo entre 1989 e 2001, a unidade industrial da empresa onde estava fez uma certificação do seu sistema de qualidade, pois o comércio daqueles produtos lá fora a tanto obrigava. Fiz formação para ser formador com CAP e, quando saí da Indep, achei que aquele papel não me iria servir para nada, mas a verdade é que serviu. Fui fazer essa palestra de meio dia a um conjunto de empresários algarvios, no âmbito de uma formação em que as empresas deles estavam a participar, para falar sobre marketing.

E isso abriu-lhe portas.

Terão gostado tanto de mim que no programa que se seguiu fui convidado para ser já um consultor. É assim que começo.

E neste momento tem a sua rede de clientes. Criou uma empresa?

Criei uma empresa que sou eu e mais dois amigos, que vieram comigo da Indep.

E com quem tem a tal empresa de importação de bens para a defesa. A empresa é a mesma?

É a mesma. Pode fazer isso e pode dar resposta à prestação de serviços de consultoria em variadíssimas áreas. Esta empresa, hoje, na defesa, trabalha muito pouco. Faz um negócio de vez em quando, representa exclusivamente um grande fabricante europeu, e não quero ter mais nenhum. O facto de ter sido diretor comercial das indústrias de defesa de Portugal durante não sei quantos anos foi marcante para mim. Permitiu-me conhecer o mundo inteiro, sítios tão inabituais como o Suriname. Não há muita gente que tenha ido ao Suriname; eu fui, o que sempre me faz sorrir.

Percebe-se que tudo isto foi um processo gradual, muito natural, foi acontecendo. Onde é que foi buscar apoio para ter uma nova vida? Nunca se inscreveu no Centro de Emprego, não recebeu subsídio de emprego?

Nunca o fiz. Apoio financeiro foi a indemnização que recebi, que não sendo nada do outro mundo me permitia estar dois ou três anos a tentar construir qualquer coisa. É uma tranquilidade, é uma âncora. Para além disso... tive-me exclusivamente a mim, e disse que era capaz de fazer. Nunca tinha feito uma coisa destas, nunca tinha feito consultoria de uma micro ou pequena empresa. Já tinha administrado, gerido, sido engenheiro, feito um pouco de tudo em grandes empresas. As faturações eram em milhões de contos, não eram em dezenas de milhar, dez ou 15 mil contos, a escala era diferente.

Percebi que existe uma realidade que é altamente desafiante. E comecei a ver que há um conjunto de problemas que existem nas grandes empresas e que existem também nas microempresas. A escala é diferente, mas as pessoas estão lá e as empresas são feitas por pessoas, e indiscutivelmente esse é o grande traço comum. E a atitude é absolutamente determinante. Se tiver atitude, da mais pequena coisa consegue fazer uma coisa com uma dimensão significativamente maior, se não tiver atitude, nada acontece.

MUDAR DE VIDA

Está a correr bem?
Está a correr muito bem.

Que dificuldades é que tem encontrado?
A dificuldade maior é sentir que muitas vezes estou a falar com gente que não quer mudar e que prefere lamentar-se a fazer qualquer coisa. Isso é de facto uma coisa que me ofende profundamente.

Muitas vezes saio de algumas empresas verdadeiramente ofendido. «Isso é muito interessante, mas não é para mim» – exclusivamente por não quererem mudar, não quererem fazer nada. É evidente que já assisti, ao longo deste percurso, a algumas das empresas por onde andei, muito poucas na verdade, a afundarem-se definitivamente.

Felizmente existe o outro lado: é gratificante ver empresas com quem comecei, há oito anos, num vão de escada, e que agora se candidatam a programas de inovação de dois milhões de euros.

Essas são as gratificações.
É a grande gratificação. Esta vida de trabalhar por conta própria coloca pressões de outro tipo. Muito recentemente estive um ano e meio sem receber um único tostão. Temos de saber gerir melhor a nossa vida. Por um lado, aumenta a nossa responsabilidade individual, mas, por outro lado, aos 70 anos, ainda me pode colocar um desafio enorme, que gostaria de continuar a ter. Gostaria de fazer isto, mesmo que num outro ritmo, enquanto sentir que tenho cabeça. É óbvio que hoje também tenho uma carteira de tudo isto, destes programas em que fui participando. Ainda agora coordeno as equipas que estão no terreno em dois distritos, Portalegre e Évora, mas, naturalmente, nos sítios por onde vou passando, tenho

clientes que depois vêm ter comigo. Tenho outro tipo de consultas e outro tipo de trabalhos.

É vulgar consultarem-me para a elaboração de projetos de desenvolvimento de gestão estratégica das empresas, ou foco, concentração em alguma coisa, ou de marketing, ou de internacionalização, que são as coisas que mais gosto de fazer.

E o que é que diria a pessoas que de repente se encontrassem na sua situação, que saíssem de um empregador onde estivessem há vários anos?

Construam o vosso posto de trabalho desde o zero. Acreditem que são capazes, acreditem nas vossas capacidades, nos vossos talentos. Acreditem que se quiserem trabalhar e que se quiserem aprender estão no caminho certo. Pode demorar, mas vai dar frutos. Não há mais lugar para quem diz que «burro velho não aprende línguas», não há mais lugar para quem não quer mudar, nem para quem quer ter um bom emprego. Existe é muito trabalho para fazer.

Particularmente neste país há muito trabalho para fazer, bons empregos é muito mais difícil. E, no fundo, quem tem um percurso profissional, seguramente ao longo da sua vida aprendeu a ser bom em qualquer coisa, e se quiser apostar naquilo em que é muito bom, e burilar aquilo em que é menos bom, ou mau, se quiser aprender, se quiser estudar, vai construir qualquer coisa. E vai ser «capaz de dar a volta», não tendo uma vida tão tranquila como aquela que se pode ter quando sabemos que temos um salário garantido ao fim do mês.

Quando estamos por nossa conta, temos de construir o salário, e nem sempre sabemos quando é que o vamos receber. Infelizmente, vivemos num país onde se aplica o aforismo «pagar e morrer, quanto mais tarde melhor».

MUDAR DE VIDA

A verdade é que basta acreditar que se é capaz de construir. Empreendedorismo é qualquer coisa que tem de se passar a ensinar na escola, porque os meus sobrinhos--netos – não tenho filhos – são quem vai seguir alguma coisa que eu seja capaz de transmitir, nomeadamente os valores. Eles vão ter de construir o seu posto de trabalho – esta certeza que ganhei é o melhor que tenho e que posso transmitir aos outros.

«Se é um hobby,
porque é que não é a sua vida?»

ARTUR FERREIRA

CEO da SOAP Portugal

A crise do *subprime* bateu-lhe à porta, mas não o apanhou desprevenido. Em 2008, era Administrador da GE Money, com o pelouro do Crédito Hipotecário. Ainda hoje, quando fala na empresa, acontece-lhe referir-se a ela com um «nós». Artur Ferreira ficou positivamente marcado pela multinacional onde trabalhou 14 anos. No último ano que aí passou, acreditava que estava no caminho certo e totalmente comprometido com a empresa. Um grande primeiro trimestre, com ótimos resultados e uma equipa altamente motivada levaram-no a pensar que 2008 ia ser um ano de consolidação e crescimento. Mas em março começam a surgir as primeiras notícias vindas dos Estados Unidos sobre a crise do *subprime*. A empresa reage rapidamente, diminuindo de forma drástica o apetite para assumir os riscos que este modelo de negócio comporta. É aí que percebe que «aquilo que se iria seguir seria mau, só não sabia a dimensão que as coisas iam tomar, mas sabia que estavam fora do meu controlo», recorda.

Uns meses antes, num jantar de amigos, alguém lhe tinha falado de uma agência de comunicação de São Paulo cuja atividade era exclusivamente trabalhar apresentações. Artur

MUDAR DE VIDA

Ferreira, que sempre foi um «apaixonado» pelo tema das apresentações, assumindo a responsabilidade, desde sempre, junto do CEO da GE Money, pelo desenvolvimento de todo o tipo de documentos importantes de estratégia, da visão e do planeamento, achou a ideia «genial». E foi no início do segundo trimestre de 2008 que fez uma chamada para o amigo de São Paulo que o pôs em contacto com a SOAP. Após vários telefonemas e algumas reuniões, percebeu que podia trazer a SOAP para Portugal e começou, em conjunto com o seu ainda CEO, a planear a saída da GE Money. Entre *business plans* e duas semanas passadas em São Paulo, deixa a empresa no final de 2008.

Quase ninguém acreditava no sucesso de uma atividade que prepara *power points* para os outros. Artur Ferreira acreditou – sobretudo em si próprio. Aos 39 anos, este «contador de histórias» de estratégia, trabalha a sua timidez como trabalha as apresentações dos seus clientes: com paixão e um entusiasmo contagiante. O resultado? Consegue transformar um relatório de contas num relato emocionante.

Chegou a ter a possibilidade de, internamente, deixar o crédito hipotecário e ir para outra área?

Na realidade, não existia outra área. Na empresa, as outras duas estavam ocupadas em termos de posições semelhantes à minha e, depois, o que lhes aconteceu foi exatamente o mesmo que aconteceu em primeiro lugar no crédito hipotecário. Hoje não há crédito automóvel, a empresa emagreceu.

Eu acho que o grande mérito que tive foi o de antecipar um cenário que infelizmente se veio a tornar realidade. Mesmo que tivesse essa intenção de mudar de área, mais uma vez estaria a ir por um caminho que inevitavelmente tinha o mesmo destino. O que fiz foi preparar a minha saída de uma forma muito suave e muito tranquila, em paralelo falando com o meu CEO, e ao mesmo

166

tempo a falar com estas pessoas da SOAP no sentido de montarmos um modelo de negócio que funcionasse para ambas as partes, que funcionasse para a SOAP no Brasil e que funcionasse para mim, e se adaptasse ao mercado português. A partir da altura em que este meu sócio veio a Lisboa, comecei a trabalhar num *business plan* a que chamei «do namoro ao casamento», porque de facto era isso, passámos por um processo de namoro, no sentido de nos conhecermos melhor, de saber se de facto essa sociedade podia fazer sentido ou não.

São seus sócios, então?
São. Em Portugal sou só eu, a denominação da empresa é Só Apresentações, Lda.

Portanto, construí um *business plan*, que tenho bem presente. Tinha tudo o que deve ter, e isso são coisas que aprendi no meu percurso na GE. Hoje trato a SOAP como se ela fosse uma multinacional, e na verdade é, pequena mas é, já temos uma presença em São Paulo e Lisboa e acabámos de abrir agora um escritório em Nova Iorque. Trato a SOAP como tratava o meu negócio quando estava na GE: tenho um *business plan*, tenho objetivos de vendas, tenho a minha *sales force* efetiva, sei quantas reuniões faço, qual é a percentagem de sucesso por cada reunião, o meu preço médio de venda e como está a minha margem. E tenho um *reporting* mensal para o meu *Headquarter*. Eles não pedem, mas faço questão de fechar o mês, de fazer o meu *management pack*, onde tenho vendas, custo, margem, custos operacionais, resultados antes e depois de impostos. Faço questão de ter uma série de *key performance indicators*, e quando fecho o meu mês tenho todo um *package reporting* que é muito útil para mim como gestor deste negócio em Portugal.

MUDAR DE VIDA

Tem alguém a trabalhar consigo?
Tenho uma pessoa nesta altura.

É um assistente?
Não, é muito mais, não preciso de uma assistente.
É uma pessoa que gere projetos como eu, basicamente
reparto o trabalho com ele.

E também vende?
Ainda não. Neste momento tenho, em primeiro lugar,
a função de gerir o negócio em Portugal. Trago para
mim a responsabilidade do *new business*, que é obviamente fundamental para o crescimento da empresa, e ele
vai acompanhando os clientes e os projetos existentes.
É assim mais ou menos que estamos organizados.

E o modelo aqui em Portugal, com esta atividade de
new business, comercial, etc., também se preocupa com
conteúdos?
No início, tudo era feito em São Paulo, inclusivamente
a estruturação de conteúdos. Recebia o *briefing* do meu
cliente, fazia uma *conference call* com São Paulo, passava
o *briefing*, o material em bruto, e alguém estruturava os
conteúdos por mim, e também o trabalho de *design*. Cada
vez mais começamos a fazer consultoria cá, sobretudo a
partir do momento em que tenho esta pessoa, e vamos
passar a ter algum design feito cá. Mas obviamente que
é sempre uma estrutura subdimensionada. A nossa visão
para o negócio é que em Portugal devemos ter sempre
uma estrutura mínima, face ao tamanho do mercado, que
é muito mais pequeno do que o brasileiro, uma estrutura
propositadamente subdimensionada, até porque sei que
nos picos de trabalho posso recorrer a São Paulo. Mas
fazemos cada vez mais coisas cá.

Isso tem um custo?

Era o que lhe ia dizer. O que me está a afetar estupidamente é a desvalorização do euro face ao real. Hoje, euro versus real está a 2,2, o ano passado nunca baixou dos 3, e está a sacrificar imenso a minha margem. Aquilo que Portugal faz é comprar serviços ao Brasil a um preço que foi acordado entre as partes: paga um *fee* que se traduz em *slides*, em consultoria, etc.; separamos claramente as duas entidades. Estamos a ser muito sacrificados em Portugal pela desvalorização do euro face ao real.

Essa é uma dificuldade que está a encontrar?

É um obstáculo que me vai obrigar a reorientar o meu negócio, por exemplo, não estava nos meus planos ter estrutura de *design* em Portugal no médio prazo, mas provavelmente vou ter de ter.

Tem instalações próprias?

Tenho, desde o princípio. Imagino que seja horrível trabalhar em casa e acho importante, sob o ponto de vista da imagem da empresa, ter instalações próprias. Começámos num Centro de Escritórios e, quando senti que estava no momento certo, passámos para um escritório maior, na *LX Factory*, porque agora vamos ter *designers* em Portugal. É uma questão de readaptação, são etapas da vida de uma empresa, temos de estar preparados. O segredo nestas coisas é tentar encontrar uma oportunidade naquilo que eventualmente parece ser uma ameaça. Para já, o que acabámos por decidir foi trazer *designers* brasileiros para Portugal e com isso criar até um programa de motivação interno. Foi uma loucura. Quando anunciámos que podíamos ter *designers* a vir para Portugal foi o delírio dentro da empresa. Toda a gente queria vir. Penso que dentro de um mês vamos ter dois *designers*, os mais seniores da empresa, e que são absolutamente fantásticos. Vamos aproveitar a vinda deles para Portugal, que é uma questão motivacional, e vou procurar, talvez até numa universidade ou no mercado, alguém que esteja disposto a aprender com estes *designers* brasileiros para começar a criar uma estrutura em Portugal. Aquilo que era aparentemente uma dificuldade, a valorização do real face ao euro, acabou por nos levar a repensar o modelo.

Não estava no nosso plano ter produção em Portugal, porque as coisas estavam a funcionar muito bem assim. Sob o ponto de vista operacional não era um problema. Mas acabámos por transformar num fator positivo esta alteração e vamos passar a ter designers brasileiros em Portugal num esquema de rotatividade. A ideia é virem por períodos de três meses e, ao mesmo tempo, vamos aproveitar isso para formar designers portugueses e começar a ter alguma estrutura de criação em Portugal.

Com isso estamos também a pensar noutra coisa, que é começar a explorar o mercado europeu a partir de um centro de criação baseado em Lisboa. Já temos três ou quatro clientes em Madrid e, curiosamente, esta semana recebi um contacto de uma pessoa que está em França, que vinha da *network* GE, para dizer «vejo aqui uma enorme oportunidade em França, porque não?». Portanto, a ideia de ter um centro de design em Portugal, além daquele que já temos no Brasil, fez-nos pensar também na possibilidade de expandir este negócio para outros países.

Está a correr bem.
Está a correr muito bem.

E em relação ao cenário que desenhou inicialmente, ao seu *business plan*?

Ultrapassámos o *business plan*. 30 de setembro desse mesmo ano foi o meu último dia na GE, e no dia 1 de outubro estava a trabalhar para a SOAP. Não tirei um único dia de férias. O sucesso foi quase imediato e aí socorri-me dos contactos que tinha, do meu *Outlook*, que foi a minha primeira base de dados, e foi fantástico. Nesses primeiros três meses de atividade angariámos 20 clientes. Aí era muito cedo para dizer. O ano de 2009 foi terrível e terminámos o ano com quase 60 clientes, nomes como Portugal Telecom, Galp, Nova Base, Microsoft, Astrazeneca, Benfica, Sporting, BES, Onebiz, BBVA, BPI, Santander, Sonae.

Que apoios é que o Artur pode dizer que teve neste processo todo, onde é que foi buscar apoios para toda esta mudança?

Modéstia à parte, foi realmente muito trabalho da minha parte. O trabalho é muito importante para mim, às vezes até demasiado importante. Muitas vezes sacrifico a minha vida pessoal, não sei porquê. Venho de raízes muito humildes e tenho um grande orgulho no meu percurso profissional. A GE ainda hoje representa muito para mim. Comecei naquela empresa em 1994 como estagiário do *marketing* e saí de lá como administrador, e tudo à custa de muito trabalho. Nasci na província, não conhecia ninguém quando vim para Lisboa, fico fora do padrão típico daquela pessoa que sobe na carreira porque conhece as pessoas certas.

Eu não conhecia as pessoas certas. Tudo o que conquistei na minha carreira foi feito sobretudo à custa da minha capacidade, do meu trabalho. Tenho um grande orgulho nisso. Sabia que a minha saída da GE ia ser sem-

MUDAR DE VIDA

pre difícil, porque tinha uma ligação quase umbilical, muito emocional, àquela empresa; mas sabia, também, que seria muito mais fácil se aquilo que se seguisse fosse algo entusiasmante, apaixonante e que viesse a dar certo.

Quando saí da GE havia algo muito claro na minha cabeça: isto vai ter de dar certo, vai ser a segunda parte da minha vida. A primeira parte foram 14 anos na GE. E não tinha um plano B, não queria voltar ao mundo financeiro, trabalhar para a concorrência, fazer outra coisa qualquer diferente. Queria algo com que pudesse criar uma ligação tão forte como aquela que tive com a GE e que durasse no tempo. E felizmente tive a grande sorte de encontrar esta empresa, com a qual criei esta identificação. Foi aí que fui encontrar forças, foi na identificação com o projeto, no facto de acreditar tanto que fazia sentido e no modelo de negócio que criámos. A ajuda que tive foram os meus primeiros clientes, e os primeiros são os mais difíceis. E aí foi muito mais a minha credibilidade como pessoa do que a própria empresa, que não tinha história em Portugal.

Antes da SOAP, ninguém pagava para fazer apresentações. Na maior parte dos casos, as apresentações eram feitas, e ainda são, pelo estagiário do *marketing* ou pela assistente da administração. Nós quebrámos um paradigma grande. Sei que esta mudança de hábitos e de mentalidade se deveu muito ao meu trabalho, mas também à química e ao trabalho de equipa que a dez mil quilómetros de distância fui tendo com os meus sócios. Eles próprios também tinham passado por esse processo. A SOAP, no Brasil, nasceu assim, num espaço de 20 m², com duas pessoas que acreditaram que tinham ali um ovo de Colombo, e hoje são 470 m² e 70 pessoas. Foi de facto muito de mim, até porque no princípio várias pessoas me disseram, «é giro mas no máximo tens 10, 12 empresas

172

em Portugal que vão comprar apresentações. Não vai funcionar». Lembro-me que tive três ou quatro reações deste género e o mais engraçado é que algumas delas eram de pessoas que hoje me compram apresentações [risos]. Essas opiniões podiam ter tido um impacto negativo, felizmente foram um desafio.

E não tiveram porquê?
Porque tinha uma convicção tão forte de que ia dar certo, acreditava tanto no projeto. E mais, acreditava que estava muito na minha capacidade de evangelizar, de entusiasmar, de passar a paixão que tinha por ele. Sentia que estava dependente da minha própria capacidade, que não existia nenhuma barreira, como por exemplo existia na GE, onde na última fase era completamente impotente face ao que estava a acontecer. Aqui sentia que dependia da minha capacidade de vender esta ideia, e felizmente correu bem.

O que é que diria a pessoas que eventualmente se encontrem numa situação, que não é propriamente de despedimento, mas em que prevejam que qualquer coisa não está...
O primeiro conselho que daria é que tente sair do ambiente em que está nesta altura e que pense em qualquer coisa que goste realmente de fazer. Pode estar relacionado com o que está a fazer nesta altura, ou pode estar completamente fora, mas é essencial que seja qualquer coisa de que essa pessoa goste e para a qual sinta que tem uma habilidade natural. Foi o que aconteceu comigo. Já era reconhecido na GE como um grande apresentador, não foi uma mudança totalmente radical. Sou licenciado em gestão de *marketing*. Se havia uma característica que as pessoas reconheciam em mim dentro da GE era criati-

vidade. Achava que estavam a exagerar mas toda a gente dizia que a tinha.

A ideia de ter um negócio de alguma forma ligado à criatividade não estava muito presente, porque estava empenhado na GE, mas era qualquer coisa que me agradava. Mesmo quando estava muito envolvido na GE, se tivesse que escolher trabalhar em nalguma área, seria ligada à criatividade, à comunicação. Sempre foram coisas que me interessaram.

O conselho que daria seria que as pessoas se tentassem abstrair daquilo que fazem hoje e pensassem: «O que é que realmente gosto de fazer?». Segunda pergunta: «Dentro daquilo que realmente gosto de fazer, quais é que são as oportunidades».

Por exemplo, «gosto de jardinagem, adoro; trabalho no mercado financeiro, mas aquilo que realmente gosto de fazer é jardinagem». Então, se a sua paixão é jardinagem, pense nesse mercado, mas não no que ele é hoje...

Mas pode gostar de jardinagem como *hobby*, e não querer fazer disso a sua vida.

Mas se é um *hobby*, porque é que não é a sua vida? Há alguma coisa mais deliciosa do que a sua vida ser um *hobby*? Não é uma delícia quando transforma o seu trabalho no seu *hobby* ou quando o seu *hobby* coincide com o seu trabalho? Se é um apaixonado por árvores e plantas, explore esse mercado, tente entendê-lo.

Ou seja, «faça o que o apaixona»?

Faça o que o apaixona e tente explorar, dentro dessa área, oportunidades de negócio. Muitas vezes elas estão debaixo do nosso nariz e não damos conta delas.

Se a sua paixão são os carros, não tem que abrir mais um *stand*, mas porque não abrir uma oficina *gourmet*?

Acredito em negócios de nicho, foi uma das coisas que me apaixonou na SOAP. Uma das coisas que me atraiu foi o facto de ser inovador, de ter um benefício muito tangível para o cliente, de ser um nicho da comunicação que não estava preenchido, e de estar ali uma necessidade que era latente, que as pessoas nem sabiam que tinham, mas que existia.

Desafio as pessoas a procurarem algo que seja de facto inovador, diferente, de nicho, e se isso for conciliável com algo que elas gostem de fazer, ouro sobre azul.

*«Parei porque quis ganhar
o gosto por voltar.»*

EURICO CORDEIRO

Diretor-geral da Ecopilhas

Eurico Cordeiro é uma daquelas pessoas que gosta de jogar pelo seguro. Sabe o que quer, quando e como quer. Talvez por isso tenha conseguido conjugar o ser assalariado (apesar de tudo numa empresa sem fins lucrativos) e o ser empresário, saindo um pouco do modelo escolhido para este trabalho. Aos 45 anos, Eurico Cordeiro é o diretor-geral da Ecopilhas, uma empresa cuja atividade é a recolha de pilhas para reciclagem e, simultaneamente, criou a Túnel do Tempo, a empresa que, para já, gere uma loja cujo conceito «é o de uma mini Fnac».

Anteriormente passou 14 anos na multinacional Gillette, dos quais quatro em Madrid como responsável pela Duracell Ibérica, posição que foi ocupar após uma reestruturação. Sempre foi um operacional e o facto de ter começado a gerir à distância, longe dos problemas no terreno, fez com que deixasse de sentir-se bem naquele tipo de organização. «Sentia-me como um gorila numa loja de cristais», recorda. «A Gillete e a Duracell são duas marcas distintas, a primeira com um marketing forte, a segunda a precisar de fidelizar o consumidor», explica a justificar porque era necessário «organizar no terreno». Um

MUDAR DE VIDA

ano antes avisou que queria sair, um ano depois propuseram-lhe a saída, «não podia ser melhor», admite.

Mas o que queria mesmo, depois de 14 anos de uma grande agitação e cansaço, era parar, «descontrair, ganhar o gosto por voltar de novo». Saiu em abril e antes de setembro não quis pensar em nada. A partir de outubro de 2002 e até pressentir o início da guerra do Iraque, jogou na Bolsa. Não ficou milionário, mas correu bem e serviu para estar ocupado de uma forma lúdica. Logo de seguida, participou num negócio com uns amigos, a criação de um locutório, uma loja onde as pessoas podem telefonar, fazer câmbios e transferências, muito orientada para o mercado da imigração. Considerou essa experiência como um entretenimento que se pagou a si próprio. Durou até receber o convite da Ecopilhas.

A sua ideia era voltar a ser assalariado?
Tinha a ideia de ter um negócio próprio.

Tendo essa ideia, o que é que fez com que aceitasse ser diretor-geral de uma empresa?
Tinha acompanhado esse projeto da Ecopilhas e achava muito interessante. Eu comecei a minha carreira um pouco tarde, já tinha 30 anos, mas na realidade ultrapassei-me em termos dos objetivos que tinha estabelecido para mim, profissionalmente. Sem presunção nenhuma, já passei a fase em que tinha de mostrar o que valho. Aos 36 anos era diretor-geral da Gillette em Portugal. E passado o tempo de consolidação dessa posição, aquilo que era a minha carreira, as minhas aspirações pessoais, enquanto assalariado, já estavam largamente ultrapassadas. A não ser que fosse uma posição de topo numa empresa enorme, todas as outras posições não me davam gozo, e isto tem que dar gozo, é assim que vejo. E surge a Ecopilhas, que é uma organização muito pequenina, com três pessoas,

178

mas faturava três milhões e meio de euros. A Ecopilhas é uma empresa ao contrário, é uma entidade gestora sem fins lucrativos. Quanto menos fatura, melhor gerida está, desde que se recolham mais pilhas. Quer dizer que conseguimos fazer mais recolhas com menos recursos.

E foi isso que o seduziu no projeto quando o aceitou?
Foi o facto de perceber que podia contribuir para o bem comum. Era um desafio diferente. A empresa, sendo participada por multinacionais, é local. Não me obrigaria a andar a passear como tinha andado. Fazia uma viagem por semana quando estava em Madrid. Quando me fazem esta proposta, faço um contrato por seis meses. Por minha iniciativa, não era esse o meu objetivo, mas achei interessante. Aquilo era uma atividade que ia começar, tinha estado por dentro da sua origem e portanto quis comprometer-me mentalmente com aquele projeto. Mas depois achei interessante. É um projeto que toca em muitas áreas e, apesar de serem três pessoas, parecemos 30 ou 40, porque tudo é contratado fora, em *outsorcing*.

Está na empresa há quanto tempo?
Estou desde 2004, há seis anos. Mas vamos adquirindo mais uns anos e vamos olhando para as nossas prioridades, e também para aquilo que um dia prometemos fazer, aquilo que gostávamos de ter feito.
Depois, houve um dia em que passei à frente de uma loja e pensei: «agora vou cumprir uma promessa que fiz a mim próprio, é desta». Não posso, daqui a 20 anos, estar a olhar para trás e pensar que devia ter feito. Portanto, com risco de correr mal, porque gosto das coisas muito seguras, sabendo, ainda por cima, que não é um negócio em que se possa ficar milionário – se quisesse viver melhor não me metia exatamente naquele negócio –,

MUDAR DE VIDA

peguei naquilo que sempre tinha pensado fazer ao longo de muito anos: juntar uma livraria a uma papelaria.

À moda antiga.
Exatamente, juntar e tentar dar alguma dimensão à livraria, dentro do espaço da papelaria.

Quando é que a loja abriu?
O formato mais a sério abriu em dezembro. Fiquei com uma pequena loja e depois fui à procura de um formato maior. É em Telheiras, vende jornais e revistas, a loja é experimentalista neste momento. Este é o ano zero, em setembro de 2010 começa. Tem vindo sempre a crescer, mas é uma área difícil, em que existe um «duopólio» na distribuição, em que basicamente fazem mais ou menos aquilo que lhes apetece, sem contraditório. As margens são muito baixas, a forma como recebem, ou não, as reclamações... todo o prejuízo que está associado àquela atividade não é pequeno. Não é um processo fácil. Tiro o chapéu às pessoas que têm aquele tipo de loja, pois é de facto complicado. Tudo isto é difícil de começar, e tudo isto é experiência e *know-how* que não tinha, e que é preciso ter paciência para adquirir. Comprei a papelaria, mas não comprei o *know-how*.

Quando pensou em fazer aquilo que tinha prometido, o tipo de negócio em que pensou era mesmo este?
Sim, há dez anos estive para comprar uma papelaria, a ideia sempre foi uma livraria. A ideia é encontrar um espaço, que as pessoas ainda designam por papelaria, mas que para mim não é bem, pois tem várias coisas dentro de uma só. É uma Fnac extirpada da área da eletrónica. Há muitas coisas que podem encaixar, mesmo numa loja de bairro. É disso que estamos a falar, essa é a parte a

que acho mais piada. A intenção é sempre ser uma loja de bairro, construir várias. Esta é uma, mas se correr bem hão de ser mais [risos].

Um negócio de proximidade.
Sim, para o início de qualquer coisa mais.

A sua ideia é desenvolver esse negócio e deixar de ser assalariado?
Ainda não pensei nisso. Para já vou continuar na Ecopilhas. O desafio nestes primeiros meses foi conseguir aliar as duas coisas, a Ecopilhas e a Túnel do Tempo.

Continua a gostar?
Continuo, mas foi difícil. E hoje em dia a eletrónica e a comunicação permitem que façamos muitas coisas fora do círculo onde estamos, e tanto na Ecopilhas como na loja foi possível conjugar. Não quero dizer que não esteja preocupado, nem sequer com o que a loja dá. A loja está apelativa, mas não estou demasiado preocupado com isso. Ainda estou a ver qual é que é o formato certo para poder arrancar com aquilo.

Quando diz que não está preocupado... criar e gerir um negócio, sobretudo no início, exige muito foco e preocupação... Não está preocupado em enriquecer à custa da loja, é isso que quer dizer?
É isso mesmo. Até porque acho que aquela área de negócio não serve para isso, é uma área em que pode dar gozo trabalhar. E se a pergunta fosse «se daqui a três, quatro anos posso deixar a segurança», naturalmente que sim, se achar que me posso expandir. Mas gosto daquilo que faço deste lado. Só que também há um período de tempo para atingir a maturidade...

A Ecopilhas, neste momento, não o preenche completamente, nem em termos de adrenalina ou desafio, já está em velocidade de cruzeiro?

Precisamente, dizendo melhor, é isso. Continua a ter componentes de que gosto muito, como a componente de comunicação. As pessoas participam ativamente, há muita atividade social, em que gosto de participar, mas tenho uma componente de vendas, importante, e que não está preenchida.

O seu lado comercial vem sempre ao de cima.

E foi à procura disso, e daquele projeto, que acho bonito... Olho agora para um homem que deve estar satisfeito, digo eu, na opção que tomou, o homem que acabou de construir a editora Babel. Neste momento deve estar mais feliz do que alguma vez esteve quando dirigia um banco. Vejo-o falar daquilo com entusiasmo, com gosto, com muito prazer no que está a dizer. Só tenho pena de não ter o mesmo dinheiro que ele para montar um projeto semelhante [risos], era mesmo aquilo. Quando dei por isso, vi no Expresso, já tinha montado a papelaria, e pensei, «era isto mesmo», mas não tenho o dinheiro dele. Comprava umas quantas editoras. Esse seria o meu projeto, mas nunca seria pessoa para chegar a um banco e dizer: «dê quatro ou cinco milhões». Isso ultrapassa as minhas limitações em termos de capacidade de endividamento.

E a sua necessidade de ter o risco muito controlado.

Exatamente.

E ao longo deste processo, que apoios é que tem tido? São exclusivamente apoios seus, que vêm de dentro de si ou tem tido apoios externos?

Externos, só de amigos muito próximos, que me deram uma mãozinha na loja à vista daquilo que é o projeto. No que diz respeito a tudo o mais, não, não há grandes apoios. Sirvo-me, por um lado, de toda a minha experiência passada, no que diz respeito ao controlo de negócios, por outro, das pessoas que já têm os negócios.

Não inventa a roda.

Quero reinventá-la, no sentido em que quero encontrar o formato mais adequado possível a uma área de bairro, com alguma dimensão, isso sim, quero reinventar. Tudo o mais, todas as pequenas áreas que se constroem dentro de uma loja dessas, há quem as conheça bem. No caso dos livros até fui falar com um amigo que está por dentro do negócio, na área da edição. Na área das vendas e comercial tenho os conhecimentos, mas comecei a perguntar diretamente às pessoas. Entrei num quiosque, aqui em frente à Valenciana, e perguntei à senhora, «então, está a vender bem os cromos?». Ficou assim a olhar para mim. São pequenas informações importantes, ela está ali há dez anos, sabe muito bem como é que aquilo tudo funciona.

Estabeleceu um plano para o número de lojas que quer abrir? Em quanto tempo?

Não. O objetivo é conhecer o negócio, saber se vale a pena, e depois é que vamos ver o resto. Tenho de ter grande segurança no próximo passo, porque o próximo já não é com o meu dinheiro, vai ter de ser financiado. Já entrámos no domínio do dinheiro que tenho reservado para a minha própria vida, não o que tinha reservado

MUDAR DE VIDA

para uma aventura. Esta loja tem que pagar o início da outra e assim sucessivamente. Se dissesse que este formato era fantástico...

É interessante ver que deixou um ambiente muito corporativo, para entrar em dois projetos, um com uma vertente ecológica e outro que lhe dá gozo pela natureza do negócio, mas que também não dá rios de dinheiro. Tudo isso compensa o que deixou para trás?
Compensa, sim. Dificilmente me agradaria uma posição de topo numa empresa qualquer. E ser um desafio de facto... Tinha que ser uma empresa muito interessante em que me sentisse à vontade, naturalmente. Não me consigo ver sentado num gabinete assim muito distante de tudo. Passo muito bem da posição de diretor-geral da Ecopilhas, com estatuto, e em que posso pedir que as coisas sejam feitas, para uma loja e estar a ajustar as revistas. E não me importaria nada de o fazer se tivesse dez.

Já fez atendimento?
Fiz, naturalmente, isso é fundamental, já lá passei vários domingos sozinho, se falta alguém. E às vezes reconhecem-me: «você apareceu na revista tal, no jornal tal».

Disse aqui várias coisas interessantes, mas uma delas vem ao encontro do propósito deste trabalho, esta ideia de «quero fazer aquilo que me prometi fazer». O que gostava que me dissesse, por último, é o que recomenda, o que tem para dizer a pessoas que têm uma ideia na cabeça, mas que não conseguem pô-la em prática. O que é que é preciso para pôr a ideia em prática, do seu ponto de vista?
Há que ter alguma capacidade financeira. Facilita um pouco, da maneira como sou, se for o suficiente para a pessoa poder arriscar naquele negócio especificamente.

Se tiver muitas dúvidas sobre o lucro que aquele negócio vai gerar, como tinha sobre este, a pessoa deverá procurar uma solução diferente em termos de investimento, naturalmente. Eu podia fazer um investimento. Se não fosse assim tinha que ter procurado outra. Neste processo, não foi só o facto de ter pensado que um dia gostava de montar uma livraria, foi, sobretudo, o facto de desde há muito gostar de poder ter um negócio meu. Se não correr bem, já fiz, paciência.

Nunca desanimou no meio deste processo?
Sim.

E na altura dos desânimos, o que é que o reanimou?
Quando uma loja está em funcionamento, como é o caso, não há hipótese. Não desanimei até montar a loja. Isso foi com ânimo, estudei tudo bem. Mas às vezes não é exatamente aquilo que ali está, como também não é tão mau como vemos no princípio, temos alguns conhecimentos, começamos a afinar, pouco a pouco. Quando se fica sem ninguém na loja de um momento para o outro, sem os dois empregados que sabiam tudo, que tinham todo o *know-how*, que foi o que me aconteceu, e ainda por cima abre uma loja que não é muito longe, e que por acaso introduz um produto que é concorrente do nosso, e acontece tudo no mesmo dia... Já andava cansado de andar a montar aquilo tudo, e de acompanhar aquele processo.

E o que é que fez?
Com o desânimo não há hipótese nenhuma, a loja está aberta todos os dias, das oito da manhã às oito da noite. Quando me falta uma pessoa na loja não tenho solução senão arranjar outra, a loja só tem duas pessoas (eventualmente poderá vir a ter três). E mesmo quando

MUDAR DE VIDA

houve uma pessoa que saiu e fez um pequeno roubo de caixa... Isso dá um bocado de desânimo. Aconteceu tudo em muito pouco tempo, e no princípio não precisamos mesmo nada desses problemas. Às vezes, há um dia em que é tudo mau, no dia a seguir tem que se resolver e descobrir a melhor forma de seguir em frente. Houve três ou quatro dias em que tive de ser eu a dar apoio à loja. Mas um negócio assim não dá muito tempo para pensar mais, tem de se solucionar, paciência. Agora já estou mais confortável, mas foi com alguma ansiedade que acompanhei os primeiros meses de evolução de uma loja e depois da outra, foi difícil.

Há alguma coisa que tenha mudado em si, desde que deixou o mundo corporativo, na forma de atuação?

Radicalmente. Estava a ver a vida passar, e passava por ela e quase não dava conta de que estava a viver; era muito alucinante. E essa para mim foi a grande mudança. Uma das coisas que fiz quando cheguei de Madrid foi andar por Lisboa a tirar fotografias. Passado algum tempo comprei uma boa máquina fotográfica Sempre gostei muito de fotografia, mas naquela altura ganhei um gosto particular. Agora que estou a pensar nisto, assim de repente, acho que foi esta necessidade de registar as coisas, de estar lá, de sentir as coisas. Mas nunca se para, mesmo nesse processo nunca se para. Depois começam-se a fazer coisas familiares. Tenho muito mais noção das coisas, vou almoçar a casa, às vezes almoço com a minha filha, faço esse acompanhamento.

Tem mais tempo para a vida.

É. Apesar de todas estas preocupações, faço um esforço por ter mais tempo para a vida. Agora já não vou para fora no registo hotel, sair do hotel, reunião e voltar para casa. Vou para fora mais cedo, dou uma volta pela cidade, vou jantar a algum lado, a reunião é no outro dia e depois é que vou embora. É uma diferença, é uma coisa que tenho de marcar a mim próprio, é uma disciplina que é permitida, por não ser repetitivo. Dantes ia a Bruxelas 50 vezes, agora vou de vez em quando.

«A intervenção que se pode ter sobre
a mudança é uma responsabilidade individual.»

JORGE NASCIMENTO

Diretor Comercial da Haworth

Trabalhou no teatro e em publicidade até chegar à indústria de equipamentos fotográficos: Kodak, Minolta e Konica Minolta. Tudo gigantes multinacionais que, com os avanços tecnológicos da década de 2000, foram obrigadas a dolorosas reestruturações. Em 2003, a Minolta, onde ocupava a posição de Diretor Comercial numa das cinco áreas de intervenção da empresa, a das máquinas digitais, fundiu-se com a Konica. Mas o que poderia ser um todo maior que a soma das partes, não se tornou realidade. A reduzida quota de mercado de ambas acabou por se sobrepor, sem dimensão para se impor no mercado. Em 2004, a marca decide terminar a operação, primeiro em Portugal e posteriormente a nível mundial. Para continuar na empresa, recebe uma proposta para trabalhar a área dos «multifuncionais», na qual não tinha qualquer experiência. Sabia que podia aprender, mas o lugar equivalente ao que ocupava... estava ocupado. Percebeu que lhe estavam a oferecer uma prateleira. Quando numa reunião internacional ouviu a sua chefia afirmar «trabalho nesta empresa, mas posso trabalhar noutra», ficou claro para si que «ele estava a passar uma mensagem». Afinal era um japonês e a ideia de que os japoneses nascem, vivem e morrem na mesma empresa «estava ali a ser enterrada pela frase

MUDAR DE VIDA

daquele homem». A partir daí preparou-se para a alternativa: negociar um acordo de saída. Não foi o melhor acordo, mas foi o acordo possível, que incluiu um contrato de *outplacement*. Pouco tempo depois, através dos seus próprios contactos, é contratado para desenvolver um negócio de distribuição com lojas próprias. Mas só mais tarde viria a ser recrutado para a atual posição. Neste percurso, descobriu-se conservador, e «respeita as instituições». A sua vida mudou, mas não foi exatamente para fazer o que mais gosta, nem para fazer o que sempre sonhou. E tem cada vez menos tempo, para si e para a família. Hoje, aos 52 anos, Jorge Nascimento sabe por experiência própria que o mundo mudou mesmo, mas que a célebre frase, proferida por Kennedy nos anos 60, «não perguntes o que é que o país pode fazer por ti, pergunta o que é que podes fazer pelo país», é cada vez mais atual e aplicável às empresas.

Como é que foi a sua saída da Konica Minolta?

Na altura tinha 47 anos. É aquela idade com um pé cá, um pé lá. A minha experiência vinha de uma marca ainda mais forte do que a Minolta, que era quatro anos de Kodak. Tinha saído da Kodak para a Minolta com um contrato interessante, um projeto divertido, que na altura parecia boa ideia (e durante uns anos foi). De repente percebi que não tinha a perceção de que as coisas iam ter uma disrupção tão forte e que dispunha de muito pouco tempo para me adaptar. Por outro lado, também é confortável, embora seja errado, refugiarmo-nos na ideia de que «se calhar não me vai acontecer nada», quando tudo apontava para que acontecesse qualquer coisa. Quando aconteceu, tive uma preocupação que foi negociar um contrato de *outplacement*, que baixou o meu *package* de saída... mas a minha primeira saída para trabalhar ativamente foi por minha iniciativa: fui trabalhar para uma coisa mais pequenina.

O que é que não correu bem nessa primeira experiência?

Era uma empresa muito pequenina, muito familiar, e que tinha no início uma ideia boa de expansão de negócio, e 50 % dos objetivos foram cumpridos. Havia uma parte menos interessante, a parte mais técnica do negócio. O lado mais interessante e mais criativo, mais *challenging* disto tudo, que era criar uma rede de distribuição própria, lojas próprias, não só em Portugal, mas também em Espanha, o que significava algum capital intensivo, acabou por não existir. Uma parte sem a outra parte era pouco interessante. Já tinha feito o que havia a fazer, não havia mais nada, nem queria continuar lá sem ter qualquer coisa para fazer de engraçado, nem a empresa queria manter lá um tipo sem muito mais valor acrescentado. Não era interessante de parte a parte.

E agora, como é que está na atual empresa?

Aqui, parece que é sina minha, estou a encontrar a empresa em reestruturação [risos]. É uma organização que numa primeira fase cresceu por fusão, a Cortal juntou-se à Seldex em determinada altura, depois foi comprada pela Cofina, que posteriormente a vendeu aos americanos. A partir daqui houve necessidade de estabelecer a marca Haworth em Portugal, e entro nessa altura.

Hoje é uma empresa totalmente americana?

Quando entro já é uma empresa 100% americana que quer estabelecer a marca em Portugal. Portanto, o meu *background* de *marketing* teve algum peso na minha contratação, o meu *background* comercial também deu jeito. Durante o primeiro ano, o que fiz foi o estabelecimento e algum reposicionamento da marca, e pouco trabalho comercial. Aquilo que me foi pedido no início de 2008 foi: «concentre e reajuste a força comercial às necessidades locais». E foi o que fiz, reajustei a força de vendas.

MUDAR DE VIDA

Que impacto prevê que esta reestruturação tenha em si?

Em princípio o único impacto que terá é nas horas de trabalho. Atualmente o meu dia tem 12 horas de trabalho, das oito às oito, que é uma coisa normal, e o que aprendi nestes últimos tempos foi a não me queixar e a ficar muito contente, e se puder contribuir de alguma forma, contribuo, é bom. O impacto será mais a nível pessoal, familiar, em termos de um enfoque distinto.

Porque vai ter ainda mais horas?

Duvido que consiga dar muito mais tempo [risos].

Mas está a dizer que vai ter impacto na sua família.

Sim, embora vá tentar que não.

Se calhar vai é estar pré-ocupado.

Vou estar pré-ocupado, e sobretudo aquela coisa da desmaterialização do trabalho, ou seja, não ter de estar no escritório para poder trabalhar. É uma coisa que é cada vez mais real. Nos meus fins de semana continuo ligado aos servidores do escritório, ao *mail* e atento às decisões europeias. Os Blackberry também não nos deixam estar muito descansados no fim de semana. E acaba por ser um bocadinho este o impacto que terá sobre a minha vida. O resto é maior dedicação, tentar aprender a destrinçar melhor o acessório do fundamental, e muito trabalho.

Como compara a situação atual com a anterior? Em termos do seu bem-estar, da sua satisfação, da sua motivação, como a compara com a anterior, antes da reestruturação? O que é que ganhou, o que é que perdeu?

Acho que ganhei um bocadinho mais de respeito pelas instituições, pelas empresas. Tive um período largo da minha vida em que fui dono de uma empresa, e depois participava na gestão da empresa onde estava, e tive sempre algum cuidado com isso. A célebre frase do Kennedy, «não perguntes o que é que o país pode fazer por ti, pergunta o que é que podes fazer pelo país», se calhar também se aplica às empresas. E em termos de desconforto pessoal é maior, não só em termos de horas como em termos de preocupação, mas penso que atualmente estou mais apto a lidar com essa incomodidade, dando-lhe um valor menor do que talvez desse noutras alturas.

Que outros apoios teve nesta mudança?

A minha vida nessa altura correu bastante mal, por várias razões. Ainda agora não consigo avaliar o peso que a alteração de situação teve na minha vida pessoal, mas implicou também uma mudança a esse nível. A relação familiar que tinha nessa altura quebrou-se, modificou-se. Não sei se foi a minha mudança profissional que teve impacto na minha vida pessoal, se o contrário, mas claro que a alteração da minha vida profissional teve consequências. O facto de ter sido obrigado a dar este passo atrás, a ver a floresta e não ver as árvores, acabou por reposicionar a minha vida toda.

Porque é que diz «dar um passo atrás»?

Estava a dizer no sentido figurado: dar um passo atrás naquela história de ver a floresta em vez de estar a ver as árvores. Não considero que tenha sido um passo atrás passar para a Haworth, embora seja uma área menos *sexy* do que a das tecnologias de ponta onde tinha estado a trabalhar. Hoje de manhã ouvia que a área industrial é aquela onde as pessoas têm menos *rewarding*, mas isso importa-me pouco. Se calhar aprendi a ver as coisas de um ângulo diferente. É mais atrativo, é mais *sexy* trabalhar nas tecnologias de informação ou de comunicação,

MUDAR DE VIDA

atualmente, mas tentar manter 400 postos de trabalho constitui uma grande motivação e interesse. Não estou tão preocupado com isso em termos da imagem pessoal, isso já não me preocupa tanto. Preocupa-me mais manter a produção, conseguir que isto aconteça, que se vá um bocadinho a contraciclo da Europa, que está a baixar muitíssimo, e nós estamos a resistir, sem crescer, mas estamos a conseguir manter as fábricas abertas cá, que é uma coisa fantástica.

O que recomendaria a pessoas que de repente se encontram numa situação de: «A minha vida vai mudar», o que é importante para si ter em conta?

Sei por experiência própria que uma das coisas muito difíceis é acreditar que as coisas podem mudar. Durante este meu período de transição, acreditei, ou dizia que acreditava, e verbalizava que as coisas iam mudar, mas internamente sabia que as coisas eram muito difíceis. Foi com alguma surpresa que percebi que a minha vida podia mudar.

Descobri que era mais conservador do que gostava de dizer que era. Acho que sou, agora já não me importo muito de dizer, um bocadinho conservador nessa coisa de achar que as coisas são como são, que a vida é assim. Mas realmente não são, a vida não é assim, e a intervenção que se pode ter sobre essa mudança é uma responsabilidade individual. Ou seja, temos a responsabilidade de intervir sobre a nossa vida, e de sermos capazes de perceber isso. Isto dito agora *a posteriori* parece simples, mas para quem está no olho do furacão às vezes não é fácil de acreditar. Mas se puder pedir a alguém que faça alguma coisa por si, é que acredite, e que trabalhe nesse sentido. Aquela coisa que se diz de que se somos capazes de vender um produto, também somos capazes de nos vender a nós próprios, é absolutamente real, e há que acreditar e trabalhar nisso. Isso foi uma lição muito engraçada que aprendi, dolorosamente. E por outro lado é batalhar, batalhar, batalhar. É aquela coisa das nove às cinco, ou das oito às oito, mesmo que se esteja a vender produtos de outras pessoas, manter uma disciplina e um ritmo de trabalho, manter uma ligação à vida real, mesmo que seja em coisas mais pequenas, em coisas que não são remuneradas.

Faz alguma coisa nesse sentido?

Agora tenho menos tempo, mas durante aqueles seis meses em que estive *between jobs*, estive a colaborar com uma empresa que faz filmes de publicidade e que estava ligada à televisão. O que fiz não foi trabalho *pro bono*, mas foi tentar encontrar, com eles, caminhos alternativos, e não recebia dinheiro por isso. Mas estava a trabalhar dando uma perspetiva minha, de fora, de quem não percebia nada do negócio, mas que estava disposto a aprender, e que encarava aquilo como um negócio e não como uma arte. Podia, portanto, acrescentar ali algum valor. De facto, eles também modificaram algumas coisas com a minha passagem por lá, o que também leva a que ainda hoje me paguem uns almoços e nos reunamos para rir e para falar sobre isso, é uma coisa engraçada. Mas não ganhei nenhum dinheiro com isso, não era a minha vida profissional.

Mas é o querer manter uma ligação com a realidade.

Aquilo que nunca fiz, e acho que resultou, e isso foi muito volitivo, foi não ficar em casa a mandar curricula. Saía, estava nos escritórios dos amigos, contribuía, e recebi sempre coisas em troca, não ordenados ou dinheiro, mas recebi sempre coisas em troca. Isso foi absolutamente consciente.

*«Já devia ter-me libertado
do medo há mais tempo.»*

JOSÉ GALVÃO

Franchisado em negócio de *vending*

A multinacional holandesa de que era diretor-geral em Portugal, foi vendida. O novo dono foi muito claro: «Só há lugar para mim ou para ti, um dos dois vem gerir isto. Sou eu, que sou o dono», recorda. Simples e rápido. Após uma semana chegavam a um acordo de saída. Antevia há já algum tempo esta situação, uma vez que a empresa tinha entrado num processo de insolvência. Foi-se preparando para uma eventual compra e para que não o quisessem manter.

Ele próprio chegou a pensar em constituir um grupo para um *Management Buy Out*. Mas após análise profunda percebeu que os riscos eram elevados e não avançou. Depois de um período intenso de desgaste, entre os compromissos com o Estado e os compromissos com fornecedores, passando pelos próprios colaboradores, até reuniões intermináveis com advogados, confessa que aqueles últimos seis meses foram uma «lição de vida» que não aconselha a ninguém.

José Galvão, 50 anos, sentiu um enorme alívio quando se viu disponível no mercado. Mas também pânico. Casado, a mulher não trabalha fora de casa, com duas filhas, achou que não ia conseguir viver com o subsídio de desemprego. «É claro

MUDAR DE VIDA

que conseguia, mas tinha que me desfazer de bens e gostava de não ter de o fazer», reflete rapidamente. Positivo e enérgico, afastou rapidamente pensamentos mais negros e a primeira atitude que tomou foi ter uma conversa aberta com as filhas para lhes explicar a situação.

De seguida equacionou dois cenários: continuar a trabalhar por conta de outrem e ficar aberto a propostas, ou criar alguma coisa de seu. Uma pergunta começava a ganhar forma no seu pensamento: «Como é que aos 50 anos arranjo alguma coisa que me dê maior equilíbrio entre a vida profissional e a vida pessoal?»

Esteve envolvido em dois ou três processos de recrutamento, perspetivou a saída do país – Angola, Leste Europeu –, até que um encontro com um amigo, que não via há muitos anos, lhe proporcionou a entrada num negócio próprio, na operação de máquinas de *vending* de produtos alimentares.

Antes da multinacional holandesa, José Galvão fora o responsável pela produção e logística de uma outra multinacional, a Matutano, do grupo PepsiCo. Decidiu capitalizar os 15 anos de experiência que aí adquiriu e, com o valor estipulado pelo acordo de saída somado a um empréstimo bancário, comprou o negócio.

O seu sentido de urgência aliado à instalação já concretizada das máquinas fizeram com que começasse a vender desde o primeiro dia. Os resultados estão de acordo com as suas previsões e José Galvão preferiu aguardar mais de um ano pela totalidade do valor do subsídio de desemprego a que se candidatou com o seu plano de negócio a ficar sentado durante três anos recebendo mensalmente mil e duzentos euros por mês. E já emprega duas pessoas.

O que é que é que aprendeu em todo este processo?

Muito. Aprendi que quando estamos bem toda a gente gosta de nós, somos muito bons. Quando surgiu este problema, houve pessoas que me deram a mão, mas houve muita gente que se revelou, no pior sentido do termo. Cheguei a ter um arresto de bens por parte de um fornecedor com quem tinha um diálogo permanente e constante.

Bens da empresa?

Sim. Tive de pôr os advogados ao barulho. Falei com eles e depois mostrei-lhes o meu desagrado: «vocês não acreditaram em mim nem na empresa. Foi muito bom o que fizeram. Se eu continuar cá e tiver poder de decisão, vão deixar de ser meus fornecedores, como é óbvio. Tinha tido o cuidado de lhes explicar a situação, tínhamos chegado a acordo e atraiçoaram-me pelas costas. Houve momentos diabólicos. Há muito tempo que não pensava nisto e agora estou a lembrar-me de seis meses muito difíceis, de muitas, muitas noites mal dormidas, muito *stress* acumulado. Não era só uma questão social (era o responsável por uma unidade que tinha 200 e tal trabalhadores), era também uma questão pessoal. Como gerente sentia uma pressão: era responsável por isto em Portugal, não havia mais ninguém. Acima de mim já só existe um administrador de insolvência, um advogado que estava na Holanda, que nunca me atendeu o telefone, nunca veio a Portugal, não me respondia a *e-mails*. Na realidade eu estava isolado, estava no mundo sozinho. Quase podia fazer, desculpe-me a expressão, malandrices, porque ninguém me dizia nada, fazia o que me apetecia, se quisesse podia não aparecer lá durante uma semana. Não sou assim, sou altamente responsável, mas foram seis meses muito difíceis.

Sei que encarou a hipótese de ir para Angola?

Dentro do âmbito de «se não arranjar mais nada e nem me aparecer uma oportunidade de negócio para dar o passo». Falei com a família: «meto-me num avião e vou para Angola trabalhar, vocês não vão, nesta fase vou eu, passado uns meses logo vemos como é». Encarei seriamente a hipótese de emigrar, sem problema nenhum. O que é facto é que Angola também me seduzia por ter pessoas conhecidas e ter algum acompanhamento. Tenho amigos que estão na mesma situação.

Mas sempre como último recurso?

Sim. Das três hipóteses – arranjar alguma coisa em Portugal, arranjar um negócio ou ter de emigrar para Angola –, esta era a terceira escolha. Nenhuma se foi concretizando. Ainda cheguei a abordar a hipótese de ir para a Roménia, e aí comecei a torcer o nariz. «Nem há voos diretos Lisboa-Bucareste. De repente, aos 50 anos, não me apetece estar desterrado e ter aqui a família. Afinal vivo para quê?».

Por coincidência encontrei um amigo que não via há muitos anos, que estava no negócio onde estou hoje, *franchising* de máquinas de *vending*, e falei-lhe. E ele disse, «se calhar há aqui uma hipótese. Tenho dois negócios, um de vendas de máquinas que não posso dar a ninguém, porque sou o *master franchising*, mas ao mesmo tempo sou operador de máquinas de *vending*. Aquilo está a ficar muito grande e sou capaz de alienar uma parte. Tomavas conta dessa parte. Vamos construindo em cima desta ideia», e assim foi. Fomos falando, fomos vendo números, percebendo melhor o que era o negócio, o modelo, o que é que era necessário, que recursos, que investimento e que resultados é que aquilo podia trazer. Fiz umas «continhas de merceeiro» e cheguei à conclusão de que era capaz de me interessar.

Esta atividade tem muita coisa de que gosto. A distribuição de produtos alimentares, que foi onde estive 15 anos, é um setor que tem razão de ser, que tem hipóteses de crescimento, que não tem grande risco. As pessoas precisam de comer e beber nos seus postos de trabalho, cada vez mais fecham os pequenos bares e as cantinas e os empregadores querem que as pessoas estejam dentro do seu posto de trabalho, que não saiam, e por isso até estimulam que vão à máquina. Eu acho que é uma área que tem futuro, não é um negócio que daqui a um ano deixe de fazer sentido. E fazendo bem as contas aos valores de investimento e rentabilidade, podia começar com uma escala pequena, como comecei, não é preciso quase ninguém, eu e outra pessoa.

E onde? Arranjou instalações?
Havia algo que me ajudava, o facto de viver num prédio que pertence à minha mulher e ter uma garagem que estava disponível para poder alterar e fazer dali o meu centro de trabalho. Isto facilitou a decisão – foi como dizer, «inclusive já tens o local, não precisas de ir à procura». Tomei a decisão de avançar em outubro. Estive muito entretido nas obras do tal local, a fazer um pequeno armazém e um pequeno escritório, a começar contactos e a escolher a pessoa que contratei para trabalhar comigo. A operação em si começou a funcionar no início de dezembro, foi rápido.

O investimento inicial foi feito com a sua saída, saiu de uma maneira confortável?
Saí, tinha um contrato de trabalho onde estava mais ou menos previsto o que é que devia receber. Depois é sempre discutível. Rebateu-se que não era bem assim e recebi um bocadinho menos para chegar a acordo, senão ia para tribunal e se calhar hoje ainda estava à espera. Apliquei tudo o que trouxe, mas não era suficiente. 50% foi com capital próprio que trouxe da saída, para os outros 50% recorri à banca e comprei as máquinas através de leasing. Havia uma particularidade: as máquinas já estavam instaladas em pontos de venda, praticamente não tive de os procurar. No dia a seguir a começar já estava a vender, estava

MUDAR DE VIDA

a faturar. Isso era muito importante na minha cabeça: não ter de investir mais tempo para arranjar forma de o negócio ser rentável. No fundo, comprei um negócio, uma parte de um negócio, não comprei só umas máquinas por colocar em pontos de venda. Os recursos necessários eram pequeninos: comprar as máquinas que já estavam instaladas, um armazém, uma carrinha, e contratar uma pessoa que com essa carrinha andasse a repor as máquinas. E depois era ir às comprar, ir à Makro comprar produtos, ou a um *Cash and Carry*, telefonar a três fornecedores.

E vender.

E vender, depois, ir às máquinas vender.

O responsável comercial é o José Galvão?

Sou tudo, sou o diretor-geral, financeiro, comercial, de logística, de compras, e operador, porque hoje em dia já tenho 46 máquinas.

Quando diz que tem 46 máquinas é em clientes?

Correto, 30 e tal são feitas pela tal colaboradora que contratei e que, no fundo, é uma repositora. Todos os dias de manhã se mete na carrinha com produto e tem uma rota. Os ensinamentos PepsiCo são fundamentais nisto: uma rota, controlo das devoluções, do produto, aquilo é uma rota da Matutano em ponto pequeno. Eu próprio fiquei com máquinas porque ela não tem capacidade nem tempo para fazer todas, e então, às segundas, quartas e sextas sou operador/repositor, vou a determinados locais repor o produto das máquinas, e é fundamental para perceber as dificuldades, sentir o pulsar, que produtos é que estão ou não a sair. Já lá vão cinco meses, comecei no início de dezembro, e neste tempo já formulei uma teoria na minha cabeça: na PepsiCo devia dar-se periodicamente às chefias, como eu, que era diretor, a obrigação de ter uma rota e ser responsável por ela para perceber o que custa, as dificuldades que traz. Por exemplo, sentir o que é a falta de dinheiro de tesouraria – as vendas até estão a correr muito bem, mas vender e faturar ou receber o *cash* são coisas distintas. De repente «não tenho dinheiro para comprar mercadoria. Tenho vendido, mas é a crédito, e estou à espera que os clientes me paguem». É giríssimo. Porque, neste negócio, dois terços das vendas são *cash* direto, mas o restante, como muitas vezes as empresas oferecem o produto (o caso dos cafés) aos colaboradores, sou eu que no final do mês faço as contas do que foi consumido e faturo ao cliente. E muitas vezes recebo a 90 dias. O facto de no modelo de negócio poder ter um bocadinho de tudo e os ensinamentos da Matutano serem fundamentais fez-me avançar. Passados cinco meses posso dizer: ainda bem que avancei, estou muito contente. Os resultados estão de acordo com as minhas expectativas e com aquilo que tinha previsto. Elaborei um plano de negócio e candidatei-me à totalidade do subsídio de emprego, que estou à espera de receber. Já tive a visita do técnico do Instituto de Emprego e, mais dia, menos dia, será deferido e aprovado – digo eu –, será concedido o montante a que tenho direito. Parecendo que não, são 50 e tal ou 60000 euros, é dinheiro que faz muito jeito. O negócio está a correr de acordo com as expectativas, a vender o que pensava.

Não está acima nem abaixo, está dentro?

Está dentro daquilo que pensava. Claro que nos custos há sempre imprevisíveis: a distribuidora, no período da chuva, bateu com a carrinha e é evidente que não estava nada a contar gastar 2000 euros na reparação da carrinha e 500 no aluguer de outra, porque ela não pode ficar parada. São custos extra, acontece.

Também tem que se prever isso.

Como é óbvio, os imponderáveis. Estou muito feliz e sinto que ganhei uma coisa: melhor qualidade de vida. Consigo gerir a minha agenda muito melhor. Não estou a dizer que trabalho menos. Acordo todos os dias às 5 e meia da manhã, impreterivelmente, porque nesta fase ainda faço questão de acompanhar a saída da repositora, do armazém. Com o tempo, ela há de ganhar experiência e eu à vontade suficiente para ela sair sozinha. Às 5 e meia estou no armazém à espera dela, vejo-a carregar, falamos sobre a rota, as dificuldades. Levanto-me muito cedo, mas ganhei qualidade de vida. Faço uma gestão de agenda, não 100% segura, porque, claro, há imponderáveis, como, por exemplo, uma máquina avariada.

E em relação à reparação?

A grande maioria das pequenas reparações aprendi eu a fazê-las, e faço-as. Sou engenheiro mecânico e aquilo também não é nenhum bicho de sete cabeças. Grandes avarias, até agora, tive para aí duas, msa está previsto o apoio técnico. No fundo, também sou diretor de manutenção. Acho que está a correr bem, estou feliz com o passo que dei, costumo dizer que já o devia ter dado há mais anos, que me devia ter libertado do estigma do risco, do negócio, do medo, de aguentar trabalhar para alguém, porque o ordenado está certinho ao final do mês.

Há aqui um mundo novo. Permitiu-me ganhar tempo para abrir perspetivas, para encarar outros negócios. Com esse meu amigo – que no fundo me deu a mão; vou-lhe chamar assim porque é verdade, que é uma pessoa com um espírito comercial brutal e muito atenta ao mercado nesta área (alimentação, consumíveis, coisas automáticas) –, estou a desenvolver um projeto por enquanto confidencial. Penso que em setembro de 2011 podemos vir a ter um outro ramo de negócio, e isto é exatamente uma das mais-valias de se estar num negócio próprio: tem-se tempo para pensar, para abrir os olhos.

O que é que diria a pessoas que passem por uma situação como a sua?

A primeira coisa é não se deixarem derrotar, não verem um horizonte cinzento. Pelo contrário, vejam isto como uma clara oportunidade.

Segundo, por outro lado, sejam cautelosos, quer dizer, pensem bem no que é que querem fazer, que mais-valia é que têm, onde é que se vão meter. O negócio está sempre associado ao risco. Temos de avaliar onde podemos trazer algo mais, em que áreas é que estamos por dentro. Uma vez cheguei a casa e disse a brincar que ia montar um café. Mas o que percebo eu de estar atrás de um balcão? Zero, percebo zero, e provavelmente demoraria muito mais tempo até a coisa dar.

Pensem bem qual é o vosso *know-how*, quais são as mais-valias para aplicar num negócio novo. Em alternativa associem-se a alguém que tenha esse *know-how*, e para quem vocês sejam uma mais-valia fundamental. Pensar bem no que se vai fazer é fundamental.

Terceiro, definam claramente qual é o vosso limite, quais são os vossos objetivos. Não se metam só por meter: «vou meter-me neste negócio porque, feitas as contas, ele vai dar-me uma rentabilidade "z". Está de acordo com o que preciso ou não? – Está. OK, vou». O pior que pode acontecer numa situação destas é criarem-se expectativas que, não sendo atingidas, são uma segunda derrota. É uma em cima da outra. Já se saiu de qualquer lado, já se está desempregado, já não sabe o que é que se vai fazer. «Vou passar a andar de Porsche, e também tenho de andar de Fiat Punto» [riso]. Tive de comprar carro, que é uma coisa que não fazia há 20 anos, porque sempre tive carro de companhia, e tinha dinheiro para comprar um excelente carro, mas resolvi comprar um carro de que necessito quando vou de rota, com caixas de produto. Comprei um jipe pequenininho que tem uma mala excecional. Meto lá os produtos todos e ando para a frente e para trás. E, claro, também é o meu carro de família. Adequem-se àquilo que vão fazer, não se ponham a pensar em mundos e fundos. Depois as coisas não saem e a frustração é maior.

Houve aqui também uma adequação do estilo de vida.
Correto. Começa pelo facto de que eu tenho uma vida diferente: levanto-me mais cedo, e com um trabalho completamente diverso do que fazia. A nível pessoal e familiar – e isto era muito importante para mim, porque dou muito valor à vida familiar –, em casa, a vida está exatamente igual ao que estava há um ano ou dois atrás, não se alterou nada. Mas toda a família sabe em que situação é que está. Todos os meses andamos a contar os tostõezinhos. Não é como até agora, que o ordenado caía na conta e já estava. Agora fazem-se contas, mas o nível de vida manteve-se. Isto era fundamental para mim. Não quer dizer que se tivesse que baixar o nível de vida não baixasse. Tenho uma casa no Algarve. Se tivesse de a vender, vendia, mas pude manter o que tenho. Isso é fundamental na minha cabeça. E agora aqui um parêntesis: não tem nada a ver com isto, mas pode ser gravado. Passei uma situação semelhante com o meu pai aqui há muitos anos. Estava eu para casar e o meu pai teve uma situação de saída do local onde trabalhava. Não tendo sido nada afetado na vida familiar, eu, que já tinha 25 anos, senti muito, e aquilo foi um ensinamento de vida, ficou-me na cabeça, é um estigma que está cá.

Então, que as pessoas pensem bem no que podem e querem fazer, onde é que podem acrescentar valor, qual é o domínio delas, e que façam um plano qualitativo e quantitativo, de forma a não ficarem com expectativas quebradas, são essas as suas sugestões?

Corretíssimo. E, por último, vejam isto como uma oportunidade. Tem sido o meu lema de vida. Quando se veem as coisas de uma forma positiva, ultrapassamos as pequenas dificuldades. Se a pessoa for negativa, vem uma dificuldade e mais uma, e começa ali a «engonhar», e não passa daquilo.

Conclusão

Desde que iniciei este projeto até à altura em que o termino, as mudanças no país foram uma constante. Desde a chegada da *troika* até à formação de um novo governo, a vários pacotes de medidas de austeridade, à insolvência de empresas a ritmo acelerado, às privatizações anunciadas, ao «machado» das agências de *rating*, Portugal está a pagar a fatura correspondente a décadas de sobre-endividamento.

No segundo trimestre de 2011, as falências de empresas cresceram 71% e a taxa de desemprego no país subiu dois pontos percentuais, situando-se hoje acima dos 12%.

Mas as pessoas que aqui deixaram o seu testemunho continuam a fazer vingar os seus projetos, apesar de não estarem imunes à situação que se vive. Nestes tempos difíceis, o Banco Alimentar liderado por Isabel Jonet vê aumentar a cada campanha o número de beneficiários e de voluntários.

MUDAR DE VIDA

Alguns dos entrevistados alargaram o seu campo de atuação e têm hoje projetos dentro e fora de Portugal, como é o caso de Ana Teresa Mota e de António Cristovam.

Outros mudaram de instalações e criaram novos postos de trabalho, atendendo ao crescimento do negócio, como aconteceu com Artur Ferreira e Francisco Noronha.

Ou atentemos no caso de José Galvão, que, mantendo o seu negócio, foi atraído, aos 51 anos, para liderar uma unidade de negócio de uma grande empresa nacional.

O que determinou o sucesso destas pessoas numa situação de mudança voluntária ou involuntária? A ousadia e a coragem foram referidas, de uma maneira ou de outra, por quase todas: ousar olhar para dentro de si mesmo e ter coragem para enfrentar as suas próprias limitações e o medo. Ter medo é bom, pois significa ter consciência, mas é preciso ter coragem para enfrentá-lo.

Hoje, todos os entrevistados têm consciência de que nada é adquirido e que o êxito é uma conquista sempre posta em causa.

Quando se parte para a criação de um negócio o conselho é: foco no que se gosta de fazer e naquilo que se faz bem. Idealmente, transformar um *hobby* em negócio e construir um plano otimista, um realista e um pessimista. O plano pessimista tem que ser viável. A ideia é contrariar a orientação das empresas para o curto prazo. Ter alguma capacidade financeira ajuda. Mas, acima de tudo, estar preparado para não ter uma vida tão tranquila. No fim do mês o salário pode não estar lá.

Quando se trabalha por conta de outrem, estar sempre preparado para sair é uma ajuda para encarar o futuro, aponta Domingos Soares de Oliveira. Saiba antecipar a saída. Como? Maria Neves aconselha uma análise *SWOT*, à semelhança do que fazem muitas empresas, só que diri-

CONCLUSÃO

gida a si próprio. Conhecer os seus pontos fortes, as suas fraquezas e as ameaças e oportunidades que o exterior lhe apresenta, permitir-lhe-á «trabalhar o desejo» e aquilo de que realmente necessita. E tantas vezes necessitamos de muito menos do que aquilo que temos.

Tal como uma empresa se pode tornar *lean*, desembaraçando-se de gorduras indesejáveis (o que não passa obrigatoriamente pela dispensa de pessoas), simplificar o nosso quotidiano também é um desafio. Várias casas, um carro para cada membro da família, múltiplos cartões de crédito, mais do que o trabalho que dão a gerir, amarram-nos a um conforto aparente.

Quais são as oportunidades dentro do que gosto de fazer? É a pergunta que Artur Ferreira colocou a si próprio. Ele que criou um negócio de nicho, ao importar a ideia de transformar um *power point* num documento atraente, respondendo assim a uma necessidade latente das várias empresas que já recorrem aos seus serviços.

Porém, se a força da mudança reside em cada um, não se pense que se consegue realizá-la sozinho. A ousadia e a coragem refletem-se também no saber pedir ajuda e apoio, seja ajuda profissional, como a do *coaching*, ou o apoio de amigos e familiares, e de uma rede de contacto que se deve ter cultivado, sobretudo enquanto não se precisou dela. Nestes tempos, mudar de vida pode ser a única forma de conseguir continuar a viver.

Agradecimentos

A Pierre Debourdeau, *Managing Partner* da Eurogroup Consulting, pelo incentivo imediato.

A todos os entrevistados, sem os quais o livro não teria sido possível.

Ao Grupo Almedina, por ter acreditado no livro e por se ter associado à intenção de reverter as receitas a favor do Banco Alimentar.

Ao Manuel Villaverde Cabral, por ter aceitado ler e prefaciar o livro.

Ao Fernando Sobral por me ter posto em contacto com o Grupo Almedina.

Ao Manuel Falcão, por tudo!